Psicologia del ganador edicion de oro actual

Ezequiel Valdez

Published by Ezequiel Cesar Valdez, 2023.

PSICOLOGIA DEL GANADOR EDICION DE ORO ACTUAL

First edition. March 27, 2023.

ISBN: 979-8215753392

Written by Ezequiel Valdez.

Introducción

La psicología ganadora de una persona empieza dentro de si misma, hablaremos en este libro de lo importante que es que una persona este bien , este en paz consigo misma , este con esa paz interior esa fuerza de Dios que la pueda guiar , que la pueda orientar .

Que importante que es en su vida, que pueda estar bien primero con sus ideales y que pueda aprovechar uno de los recursos mas importantes de la vida" el tiempo" porque justamente el tiempo se va y no vuelve mas , estar en el presente . Saber hacia donde se va , tener un plan de vida , aprender de los ciclos , entender que pasaran muchas cosas y tener un plan saber para donde se va , entender que es mejor con un plan sabiendo que pasaran cosas , que te equivocaras , que no todo puede estar bien todo el tiempo pero si gestionamos esa parte que es de Dios , esa parte que esta en nuestro interior , podremos dar batalla de una manera en paz y con ese fuego interior. Avancemos .

Empezar

Empezar por diferentes perspectivas, nosotros tenemos diferentes formas de ver al mundo . Eso es algo que debemos entender al principio , las formas diferentes de ver las cosas , eso es para que sepamos que todo empieza por dentro . Es algo que si prestamos atención . La mentalidad es la que nos llevara a diferentes puertos en la vida .

Debemos con nuestra mentalidad llevar una vida orientada a lo que queremos por eso haremos alusión a planes a seguir . Sabemos que con planes específicos podemos ir orientados a hacia lo que queremos , no andaremos divagando en una marea confusa sin saber hacia donde llegar . En la vida tendremos algunas oportunidades para elegir pero se que en otras será mas difícil , pero por eso es importante que trabajemos en los hábitos y planeaciones .

¿Como podemos trabajar en hábitos y planificaciones?

Empecemos por los ejemplos:

Los hábitos se llevan a cabo primero por todo lo que pensamos, si yo pienso de una manera llevare a cabos hábitos conforme a lo que pienso , a lo que siento y a como planifico mi día a día .

Mi día a día : es producto de como me siento , como pienso y que es lo que espero .

Sigamos con mas ejemplos :

SI YO ME VEO HORRIBLE
PIENSO QUE NO PUEDO HACER NADA , QUE NO SOY CAPAZ.
NO PLANIFICO NADA.
NO VEO UN NORTE .(NO TENGO FE)
ME SENTIRE INFELIZ, ME SENTIRE INCAPAZ , ME SENTIRE QUE NO PUEDO HACER NI SIQUIERA UN PLAN DE VIDA .
Todo empieza entonces por mi mentalidad:

<u>*Yo pienso mal , yo obtengo lo mismo*</u> *.Porque yo me siento así , porque no siento que sea capaz , porque no siento que pueda avanzar , porque te quedas con menos fe , por ende la vida será un producto de tu programación .*

Por eso tratar con la psicología de tu vida es tan importante porque tu vida es un producto de lo que piensas y lo que sientes.

Piensas mal , sientes mal , atraes mal . YA LOSE, SOMOS SERES HUMANOS PODEMOS EQUIVOCARNOS , PODEMOS FALLAR (entiende que eso también es normal)

Lo dijo un contador muy conocido en mi país , también querer hacer lo que nos hace bien requiere disciplina eso es algo que nosotros debemos entender , si no tenemos esfuerzo en nuestra vida , no queremos poner voluntad , a eso no queremos ponerle de nuestra mentalidad , el avanzar se hará muy difícil , las cosas nos caerán muy pesadas , la vida será mas difícil porque cada vez que queramos hacer algo nuevo , o un proyecto nuevo siempre dudaremos de nosotros mismos , siempre estaremos con la energía baja .

ENTONCES AHORA IREMOS PASO A PASO.

Los pasos nos irán guiando

Los pasos y el plan a seguir nos irán guiando paso a paso .

Debemos tener la fuerte convicción mental de que sabremos adonde iremos.

Tendremos que tener planes , debemos saber hacia donde vamos y para eso debemos tener planes en los que sepamos hacia donde vamos , saber hacia donde se va es una premisa no menos importante , porque no se puede cambiar nuestro rumbo , nuestra psicología si hacemos constantemente lo mismo , hacer lo mismo es que nos pase lo mismo y obtener los mismos resultados , una psicología ganadora se construye desde la firmeza , desde el saber con principios adecuados hacia donde se va .

Tenemos que tener mucho cuidado con la tibieza de la vida , con el no saber que es lo que realmente queremos , con tener principios débiles , y dejarnos opacar ante elecciones por miedo o por compromiso con personas que nunca nos sumaran.

Estas cosas les suele pasar a los adolescentes , ellos muchas veces hacen cosas solo para quedar bien con sus amigos o solo porque permanecen dentro de un grupo . Quizás es parte de la vida , y que deben cumplir ciclos no nos meteremos en este tema porque no somos expertos en ello . Solo hablaremos de que tienes que tener firmeza para decir que no en situaciones donde lo ameriten .

El tiempo estará a tu favor

El tiempo estará a tu favor porque sabrás adonde quieres ir , una persona con decisiones firmes , estará mas consolidada con su camino en el sentido de que sabe que es lo que quiere , como lo quiere y por donde , también sabiendo que en el medio del camino habrán fallas , es normal . Tener una psicología ganadora no quiere decir que todo te tiene que salir bien, todo será fácil , nada se te interpondrá en tu camino . No se trata de eso , se trata de algo mas , en la vida estarás en una batalla entre lo bueno y lo malo . Tu sabrás que tendrás que ponerte de pie cada día y avanzar de una manera pacífica pero a la vez con fortaleza.

Tener una psicología de vida ganadora , requiere que estes dispuesto a ir por todo lo que te mereces , a ir por todo lo que tu realmente quieres , a ir por lo que te mereces porque tu sabes que es así , eres tu y la vida , tú tienes que tener fe y avanzar.

No fue tan fácil

Sí, no fue tan fácil para aquel emprendedor. Debía meditar el asunto. Aquella noche viajó, una vez más, en el último asiento del ómnibus que viajaba a la ciudad.

Él recuerda que, con excepción de lo que tenía destinado para comprar su comida de ese día, se encontraba sin un peso en el bolsillo.

¿Su intención? Encontrar un trabajo, una fuente de ingresos. Por lo tanto, sabía que necesitaba encontrar a las personas indicadas.

No bien había llegado a la ciudad caminó directamente hacia una conocida cadena comercial. "Quiero hablar con el gerente", pidió al dependiente que lo recibió. Solo quería charlar por unos instantes, ya que no había mucho que hablar, y conocía la importancia del tiempo. Y sucedió lo más normal y obvio: le dijeron que no podía recibirlo.

Sintió incomodidad. Y eso también es normal y obvio. ¿A quién le gusta ser rechazado? Muchos habrían sucumbido ante la sensación. Habrían buscado otro camino, otra empresa a la cual postularse, otras puertas qué tocar... Pero no aquel emprendedor. Él más bien sintió que, ahora que le habían dicho "no", ya no tenía nada que perder. En su mente nunca creyó ser rechazado. Él sabía que **merecía** hablar con el gerente.

Así que acudió otra vez, llevando unas hojas en el bolsillo. La misma respuesta: rechazo. Otro día nuevamente fue, y nuevamente a recibió una negativa. Al día siguiente, una vez más, regresó con la misma solicitud: hablar con el gerente.

Misma respuesta. Y aunque el dependiente siempre le decía que no, el joven otro día volvía a ir... y volvía a ir... y volvía a ir...

¿Qué pasaba por la mente de aquel emprendedor? Que cada rechazo era una oportunidad de refinar su plan y mejorar su discurso para seguir intentando.

Nunca habría de desistir. Cada rechazo era, en realidad, una nueva **oportunidad**. Hasta que un día lo logró. Una linda noche de invierno, luego de recibir tantos "no", por fin logró su objetivo: pudo entablar una charla con el gerente. Su plan fue escuchado. ¡Cómo no, si tuvo bastante tiempo para preparar su presentación! Gracias a eso, logró que se abriera una segunda puerta. El gerente estaba interesado en hacer negocios con él. Le pidió que pronto volvieran a reunirse, esta vez con la presencia de sus superiores.

¿Qué pasó? Su insistencia y su trabajo emocional fue muy profundo. No desertó cuando se topó con tantas negativas. Sabía lo que quería, y sabía que merecía obtenerlo. Eso le permitió avanzar, entablar contactos aún más grandes de lo que imaginaba, y la posibilidad de concretar sus mayores sueños. Te pido por favor volver a leer este capítulo, deteniéndote en los detalles. Observa por un momento dónde estaba el enfoque de este emprendedor. Identifica a dónde se dirigía, dónde estaba su atención. ¿Puedes identificar el secreto?

En este libro aprenderás algunos de los secretos que el joven emprendedor con gusto comparte con quien lo necesita, y con quien sienta que lo merece.

Así como la mente no funciona como una maquinaria con instrucciones y secuencias estrictas, los capítulos de este libro no están pensados con un orden en el que debas leerlos. Siéntete libre de brincarte a los capítulos que más despierten tu atención, regresar a aquellos que quieras reafirmar, o incluso empezar desde el final e ir hacia atrás. Como si fuera un manga japonés. Ahora sí: alístate porque en este viaje tendrás muchas aventuras por experimentar.

Si esta vida tan solo es una, porque no darse un espacio cada día, para creer en uno mismo . Si tan solo en ese instante uno pudiera sentirse como realmente desea, seria todo aún más maravilloso. No dejemos que los sueños se esfumen y se pierdan en algún lugar . De verdad creer en uno mismo pasara de solo ser una linda utopía a algo más que eso ; algo más llamado realidad de vida . Tengamos presente el amor , la confianza plena y algo tan sencillo como el agradecimiento por la vida , por todo aquello que se nos ha dado , sin el ánimo de quedar en la posición de conformismo pero si con la ambición de vivir una vida más plena a cada instante , siempre con una sonrisa ...

Necesitas tener claridad . Debes saber hacia dónde te diriges. Hablaremos de sentirse bien y también de priorizar la planificación . Pero debes tener bien claro , hacia donde te diriges en la vida . Si entablas un nuevo proyecto , este debe estar marcado . La idea de tener un mentor entra entre lo más importante pero nunca descuides el crecimiento personal. Hay personas que están dispuestas a entregar información muy valiosa . Tienes que estar dispuesto a buscar aquello que es importante para ti "el conocimiento es uno" . Tú tienes que ser claro , no hay otra forma . Si no sabes hacia dónde ir , la vida te entregara lo que sea , por lo tanto una visión definida hace la diferencia . Quizás en tu presente puedas no estar viviendo la vida que quieres , puede ser que tus pensamientos no han estado bien claros . Pero tienes que hacer el tiempo y dejar un espacio , sea el que sea , para poder definir lo que de verdad anhelas. Sino, tendrás un problema , y ese es no estar en el camino que quisieras estar . También entendamos que estamos en presente , no hay más . Y eso hace la diferencia , en cuanto a poder construir , no importa si solo puedes hacer un tiempo "pequeño" para empezar . La programación que tenemos en nuestras vidas , muchas veces se encuentra de manera automática . Entonces , vivir no necesariamente debe ser " una simple rutina de hacer siempre lo mismo " sino algo más que eso . Porque podemos aspirar a más . Dejemos de lado el cuestionamiento absoluto de que nada podría cambiar a esta mejor frase como por ejemplo : " la vida sencillamente ya es maravillosa , uno puede crear ; no desde el ego , sino desde el corazón". La creatividad mágicamente es infinita y está ahí para todos ,lista para que podamos construir la vida que realmente queramos .Pero todo lleva un plan , seguir una línea que no necesariamente termina siendo un camino recto , sino con muchos obstáculos pero estos pueden pasar de ser trabas a ser simplemente zonas de aprendizaje . Por lo tanto dependerá de cuanto estemos preparados mentalmente para entender que todo es parte del crecimiento , y que no existe fracasos sino zonas donde uno inevitablemente tendrá que transitar para luego seguir avanzando .

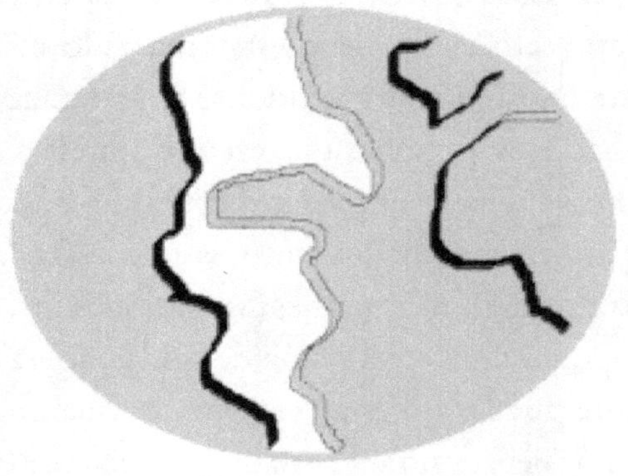

Escucha

Nos suele pasar que no escuchamos otras opiniones. Esto sucede cuando creemos que ya tenemos completamente idealizado nuestro plan de vida.

Tenemos la obsesión de tener siempre la razón, de ser importantes para otros. Y eso es bueno, porque significa que sabemos lo mucho que valemos para nosotros mismos. Sin embargo, cuando hablamos no hacemos más que repetir lo que ya sabemos. Cuando escuchamos, nos encontramos la maravillosa oportunidad de aprender algo nuevo. Y las veces que lo queremos hacer, que por fin estamos dispuestos a escuchar... ya es tarde. Así se nos pasa la vida sin aprender a escuchar. No solo nos perderemos de vivencias increíbles. También nos enfrentamos a experiencias muy desagradables que pudimos haber evitado si hubiéramos escuchado el consejo de quien hablaba con conocimiento.

En la adolescencia es uno de los momentos de nuestra vida por la cual nos cuesta muchísimo escuchar, a mí me ha pasado, fue difícil poder escuchar los consejos de mi padre, quiero que se detengan por un momento, y piensen, ¿a quién están dejando de escuchar? no todos les dirán criticas destructivas , siempre habrá un padre , una madre , un buen amigo , un abuelo o abuela que quizás les esté diciendo frente a sus narices que hay algo que puedan hacer mejor y se les está pasando por alto , frenen un instante , podría ayudarlos , a veces vamos demasiado rápido , en mi caso me he perdido de muchos buenos consejos por no haberme detenido y apreciarlos como debería haberlos echo , escuchar es la razón por la que nos vuelve también más humildes como personas.

Por eso es bueno frenar un instante y prestar atención a esas personas que recorrieron aquellos caminos que nosotros queremos transitar, que tienen más experiencia, o que vemos que saben cómo hacer su camino de vida un poco más llevadero.

No te cierres. El no querer aprender más y solo tener tu propia idea de vida no hace la diferencia, Tendrás solo un concepto muy parco de cómo son las cosas en realidad, y correrás el riesgo de cometer errores costosos que, en realidad, se pueden evitar.

Siempre hay personas o grupos de personas que te pueden orientar, que viven tal como tú quieres vivir. Ellos pueden ayudarte a estar mejor.

El aprender de gente con experiencia, y que ha logrado lo que tú quieres lograr, te hará el camino más llevadero. Ojo: no por escuchar atentamente harás que todo te será muy fácil. Pero sí podrás adoptar técnicas para superar tus retos.

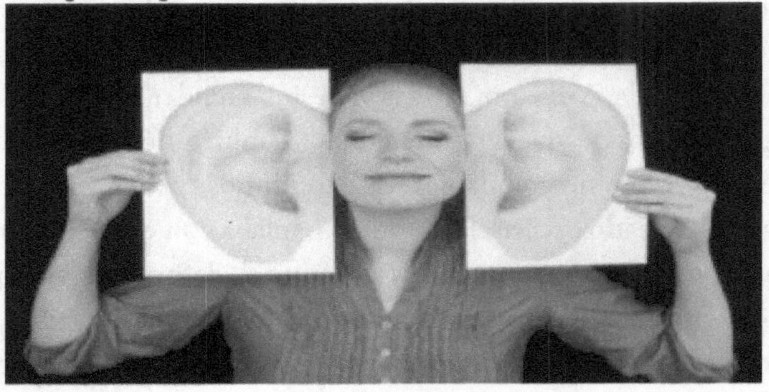

Encuentra a tus mentores favoritos , ve y pregunta , aprende lo más posible de ellos . Reúnete con gente que esté dispuesta a ayudar . Porque si no estás con gente que te quiere potenciar , será más costoso, incluso todo eso puede alivianarte el camino no digo que no surgirán obstáculos pero que si se te hará mucho más práctico . Uno de los mentores o coach puede asegurarte pasos más específicos , igualmente en el recorrido tendrás obstáculos . Pero de todas formas , tener apoyo es muy pero muy importante .

Los emprendedores por naturaleza les gusta aventurarse en nuevos proyectos . Sin embargo el alma emprendedora necesita de una planificación empresarial , para que todo pueda ir conectado . Si la persona puede reunir estos dos factores , le dará un camino más fructífero, aun así sabiendo que hay siempre incertidumbre " en el proceso" . Realmente tenemos que entender que la acción sin conocimiento , podría ser también bloqueante . Lo mismo hablando al sentido contrario , mucha información pero sin acción , es prácticamente lo mismo .Asique enfoquemos nuestra energía en esto :

Conocimiento + acción : resultado

Conocimiento + actitud + acción : resultado

Conocimiento + actitud + acción +(apalancamiento) : resultado

Conocimiento + actitud+ acción+ apalancamiento+ gratitud (sentimiento): resultado.

Me detendré aquí en esta palabra: "apalancamiento " : Puede ser que veas el apalancamiento de varias formas . La tecnología es una forma de apalancarse . Con esta, utilizando las redes uno puede contactarse hoy en día con personas de otros países, más bien , antes con las llamadas telefónicas se hacía mucho más difícil (sin embargo se trabajaba también de esta forma)

También apalancarse , puede significar , trabajar con la tecnología como herramienta conectándose con equipos o grupos de otros países . Sumémosle más ! .Apalancarse con la herramienta que es la tecnología , conectándose con gente de otros países y además nutrirse de información .

También las redes dan la posibilidad de que con una inversión muy pequeña o la que uno esté dispuesto a invertir uno publicite a miles de personas , decenas de miles , cientos de miles o más . Y luego uno pueda armar una marca personal y de forma automática atraer gente y mostrar aquello que uno hace por medios de videos . Siempre con la función de servir .

Recalco en la acción pero aquí sumada a la ayuda de un mentor (quien te dará el conocimiento)

Conocimiento + actitud + acción +(apalancamiento) +detalles.

Uno puede tener la mayor actitud del mundo pero debe estar presente en los pequeños detalles , por ejemplo . Aquellos pequeños detalles son los que pueden cambiarte totalmente de dirección . En el caso de un empresario tener comunicación fluida con su equipo ,Con sus empleados y con los demás inversores . Todo no lo sabrás pero hay pequeñas cosas que si pueden estar en tu control. Acuérdate los pequeños detalles si pueden estar en lo controlable sin embargo las cosas muy grandes no .

Preceptos a tomar en cuenta

"Emula a los persistentes. Ellos tienen algo que se llama actividad constante. Cópialos hasta en aquellos momentos que la vida se ponga difícil".

"Quien nunca deja de intentar, nunca fracasa".

"Ensaya una y otra vez. Quizá los resultados que esperas tarden en llegar. Aun así, siéntete satisfecho por tu esfuerzo. Los cambios pueden tardar, pero te prometo que llegaran a su tiempo".

"Arriesga. O te quedarás justo donde estás ahora".

"Busca con mucha pasión todo lo que te haga sentir bien, y que haga bien a la gente. Ahí estará tu riqueza."

"El mundo real es más bello que la realidad que diseñamos en nuestra mente. La vida realmente es bella. Conócela."

"Comparte con la gente cualquier cosa que te brinde una sensación agradable."

"Tienes el derecho a vivir de lo que más te gusta, dedicarte a lo que más disfrutas. Puede ser cualquier profesión, oficio o vocación; pero debe hacerte feliz".

"¿Acaso tiene la razón quien te dice que no eres capaz de lograr lo que te propongas? Bueno, sí la tiene... Si tú se le das.

Depende de ti. Te invito a que quiebres la limitación, te persuadas a ti mismo, y actúes con intensidad y persistencia".

"Ponte metas fijas, retadoras y alcanzables. Debes ponerte retos y exigirte lo que sabes que puedes dar. Mide y celebra tus progresos."

"Sentir remordimientos significa que podemos mejorar. Podemos hacer más para lograr nuestras metas. Podemos progresar más. El remordimiento es una oportunidad disfrazada".

"Resultados. ¿Cuántas veces los queremos ya? ¿Cuántas veces buscamos la fórmula mágica del éxito y la riqueza instantáneos? Error. No existe.

Obtener resultados depende de nuestro enfoque, de fijarnos en lo positivo, de nuestra perseverancia, de nuestra propia lucha. De ganarle al temor y avanzar".

"Si no te gusta que te critiquen en la vida, no te gusta exponerte, y sientes que la timidez es más fuerte, experimentas un problema de actitud. Enfócate en lo que deseas, y convéncete de que lo mucho que lo mereces."

"Nadie critica a quien se encuentra atrás, sino a quien va a la vanguardia. Esto significa que está llamando la atención. Si recibes críticas, estás haciendo algo bien".

"Levántate temprano".

"Mereces algo mejor. Permítete exigírtelo".

"Amor propio. Si tú mismo no te amas, nadie lo hará". "Promociónate. Véndete. Eres tu mejor mercancía".

"Los límites son un patrón de pobreza. No te pongas límites". "Lo que hagas en la vida, hazlo con amor".

"Es maravilloso que sea difícil, que las cosas no se hagan fáciles. Eso le da un valor adicional muy especial a aquello que deseas. Lucharas por ello con tanto deseo, que será increíble recorrer ese camino."

<u>*Las palabras a cambiar :*</u>

No puedo (por) Lo hare paso a paso .

Esto me supera (por) Me tomare un espacio para reflexionar.

Esta es la vida que me toco (por) Hay otras posibilidades para vivir mejor

No tengo dinero(por) Estoy invirtiendo en mi gran proyecto .

No se cómo seguir (por) Buscare la ayuda de gente con resultados .

Lo hago todo solo /a (por) Es muy bueno trabajar en equipo con gente dispuesta a progresar.

Solo los ricos tienen dinero(por) en la era de la información todos podemos obtener grandes sumas de dinero con actitud , conocimiento y una suma de hábitos efectivos .

Tengo que trabajar duro porque si no , no puedo pagar las cuentas (por) tengo que trabajar de manera inteligente apalancándome con buena información y gente dispuesta.

No te olvides que las palabras también son importantes . Debes poner un filtro cada vez que hables . Estas también determinaran tu forma de vivir , acuérdate si le pones sentimiento ; aún más .Ten cuidado cuando mencionas que estas en la pobreza o también cuando dices que no eres capaz de realizar algo . Tienes que empezar a emplear palabras que realmente aporten a tu vida , además el entorno ,comprométete a cambiar muchas cosas . Atraerás lo que eres . Como te comportas , como hablas , que clase de relaciones personales tienes . Cuál es el círculo social que tienes (se congruente) si quieres ser rico actúa como los ricos espera como ellos , siempre ten expectativas altas no bajas . No importa cuánto es lo que tienes en el banco , lo importante es que empieces con lo que tengas y actúes de la misma manera .

Si la oportunidad te encuentra , no dudes , tómala . No debes tomarte mucho tiempo para aceptar alguna propuesta de negocios o lo que sea ; que valla a servirle a tu vida . No muchas veces tocan oportunidades en la puerta , por lo tanto , si actúas directamente entonces tienes siempre más oportunidades de salir con éxito . Si piensas o dices que no a muchas cosas importantes , podría ser el mayor fallo . Por lo tanto , cuando hablamos de decir si , no es a todas las citas , a todas las reuniones o un sábado por la noche . Estamos hablando de momentos que aportaran a tu vida , en cuanto a oportunidades de negocio . Sepa que todo puede resultar muy obvio , cuando lo mencionamos de esta manera . Pero a veces las grandes oportunidades se encuentran disfrazadas en pequeño.

Entonces a mayor equivocaciones "pero siempre sabiendo adonde te diriges" , entonces corres la suerte de tener más posibilidades y de tener mejores resultados . Actúa, actúa y actúa pero aclaro disfruta , no es para que te destroces trabajando duro y quedes muy cansado/ a y eso te deje sin energías . Por lo tanto es muy importante que lo hagas de manera inteligente , por eso es muy importante el apalancamiento .

Aumenta ese ánimo

__Te recomiendo leer este capítulo cuando necesites motivación. Cuando llegues a aquellos momentos de tu vida en que desconfías de todo, en que tus objetivos no los podes visualizar bien, que crees que no los puedes concretar.__

Aumenta tu energía vital. Primero, confiando en vos mismo. Tu vida es lo más maravilloso que puede haber.

Así que no te autodestruyas. No te auto lastimes. Justo ahora estás viviendo. Tu vida es algo maravilloso. ¿Porque lastimarla con pensamientos inoportunos y de desesperanza?

Me preguntaras, ¿Por qué cuesta tanto a veces estar de buenos ánimos? ¿Por qué Dios no está conmigo en los momentos que realmente lo necesito?

Recuerda las veces que has superado tus desafíos. Rememora todas las ocasiones en las que has enfrentado problemas. Seguramente vienen a tu mente decenas, cientos, miles de gigantes que han quedado tendidos en el suelo, a la izquierda y a la derecha del sendero de tu vida. ¿Quién los derrotó? Tú. ¿Cómo lo hiciste? Con las fortalezas que Dios y la vida han puesto en tu ser y a tu servicio. Fuiste creado con un propósito. Posees una gran cantidad de virtudes, fortalezas y habilidades que te hacen único. En tu interior ya existe todo lo que necesitas para superar cualquier reto.

Leamos Isaías 43:2 (RVR1960).

"Cuando pases por las aguas, yo estaré contigo; y si por los ríos, no te anegarán. Cuando pases por el fuego, no te quemarás, ni la llama arderá en ti".

Nota que está resaltada la palabra "cuando". Esto significa inevitabilidad.

Pasar por las aguas y el fuego es inevitable. Encontrarás dificultades. Es un hecho.

Pero también se resalta la palabra "pases". Las dificultades son un lugar de paso. No de permanencia. Cualquier evento complicado que estés viviendo, no importa qué tan difícil pueda parecer, pasará. Llegará a su fin.

"Cuando sientas que ya es muy difícil seguir, detente un momento y piensa "¿cómo puedo utilizar en mi beneficio esto que me está sucediendo justo ahora? ¿Qué me están tratando de decir Dios y el universo? ¿Qué puedo aprender?"

Puntos que pueden ayudarte:

✓ Hacer ejercicio.

✓ Escuchar una linda canción

✓ Haz algo que te guste. Pintar, escribir, cantar, dibujar.

✓ Orar. Pídele a Dios todo el tiempo. Mateo 7:7.

✓ Ten la mente en positivo, en "modo guerrero". Da todo por lo que amas.

✓ Habla de proyectos.

✓ Busca apoyarte con tus amigos.

El poder de la acción

¿Has oído hablar del "síndrome del zopilote estreñido"? Es cuando planeas mucho pero no obras nada. Cuanto más piensas, cuanto más analizas, más difícil se va a poner.

Vamos arranca ¿es necesario que lo pienses tanto? No digo que no hagas un plan, pero demasiado análisis causa parálisis.

Es mejor que intentes, pongas toda la intención y vallas por todo. La acción es importante. Debes actuar.

En la escuela aprendimos que solo existe una respuesta para cada pregunta.

Si en el examen no contestábamos con la única solución correcta, el ejercicio estaba mal.

La vida rara vez funciona así. En la realidad existen un sinnúmero de respuestas correctas para cada pregunta o problema. Claro, existen algunas respuestas que son más adecuadas que otras. Pero eso no significa que solo haya una solución.

"Cuando me inicie a los 18 años me fui a trabajar por primera vez a una fábrica, a lo largo de 9 años estuve allí, pero ese no fue ningún problema, la decisión de no actuar en los sueños que tenía , postergarlos todo el tiempo , no dedicarme a mis pasiones , a mis sueños , por el miedo al qué dirán , quedarme en la inacción , y realmente al pasar el tiempo comprendí , que cada momento es único , para desaprovecharlo , es verdad que hay que ser agradecido , pero si de verdad hay algo que te mueve muy dentro de tu alma , vamos te invito a que te lances hacia ello .

Si, muchas veces me arrepiento de no haberme lanzado antes , pero siempre estamos a tiempo , hay algo que es muy grande que está preparado para cada uno y si , aunque no lo creamos , son los sueños , ellos si los buscas tarde o temprano , poco a poco , estarán ahí , será tu realidad nueva , no los dejes pasar , mientras estés haciendo aquello que quizás sea por obligación permítete un momento a descubrir lo que amas"

Observa, analiza, y ejecuta. Cada pequeña acción te irá llevando a nuevos horizontes. Confía en lo que no está materializado. Confía en ti, en lo que crees posible. Si existe en tu mente, existirá en tu vida. Actúa, y da todo por aquello.

Vamos, actué.

Vamos a tomar en cuenta esto:

Te puedes levantar hoy y quejarte; además hacer lo mismo . Y no cambiar . Pero puedes empezar por tener un propósito de vida al cual no despegarte nunca. Tienes que sentirte de una manera diferente . Todo es cuestión de empezar por uno mismo . A veces estamos observando afuera que es lo que nos hace daño . Pero debemos prestar atención a lo que sentimos a quienes somos . Una forma es detenerse y diseñar la vida . No es muy difícil , es prestar atención a lo que realmente podría darte una nueva forma de vida . Haciendo algo distinto . No temas , hay muchas maneras de sabotearte , y es verdad pensando de la misma manera no va a haber cambios suficientes como para diseñar una nueva vida . Todos tenemos que entender que la vida se diseña a medida que vallas viviendo . No hay un futuro sin que continuamente estés creándolo . Si estas programado de una manera repetitiva y que no hace cosas distintas , eso es lo que estas creando . Permanecemos con los ruidos mentales , los cuales muchas veces nos traen confusión, por lo tanto debemos filtrar lo que no va .Diseña a cada instante la vida que quieres . No importa si empiezas de paso en paso , la idea incluso seria que empieces como puedas . Si es más estaría bien pero nunca se menosprecia empezar de menor a mayor , porque lo importante es hacer . Primero sentirse , pensar positivo y hacer . Se congruente .Todo tiene un resultado .

Presta atención :

El ruido mental tiene esa característica de entrometerse todo el tiempo en la mente , sin permiso de uno . Sin embargo , algo que lo anula muchas veces es la acción (disculpa si soy muy insistente en esto) Cuando realizamos pequeños movimientos con actitud , eso ya bloquea "aquellos ruidos molestos, los mentales". A que me refiero con esto , somos producto de lo que pensamos . Y si estamos pensando mal , actuaremos mal , por ende nos sentiremos mal ¿Y qué atraeremos? Cosas negativas . A eso puedes sumarle , peleas , desanimo , resultados magros , todo un sinfín de cosas que no aportaran a tu vida . Asique debes prestar continua atención a aquello que tienes en la mente . Siéntete de una manera diferente . Esto tiene mucho que ver , porque de la manera que te sientes y crees que eres , siempre tendrás un resultado conforme a eso . Las expectativas que tienes , no debes minimizarlas , no tomes una" idea vaga "confía en una nueva idea con grandes resultados . No pienses que para ser hay que tener , o para tener resultados de gente que ha sido exitosa , hay que empezar por lo alto . Deberás prestar la atención necesaria en cuanto a empezar .

Te lo dice la frase : aprende a diseñar , hazlo por partes . Nada se empieza desde lo alto , se diseña por partes , se produce por partes también . Digamos que una empresa necesita construir un edificio , por lo tanto se necesita arquitectos , trabajadores , inversores . Todo se hará por partes , incluso la construcción del edificio , llevara un plazo ,tanto para su inversión como para su construcción , luego para que pueda ser habitado . Lo que aquí estamos observando es que lleva "plazos".

Si vamos a observar la vida de un ser humano , es totalmente similar . Requiere espacios para vivir con la sociedad(tener una vida social activa) para alimentarse , para dormir , para ejercitarse o caminar etc. El tiempo que hay en nuestras vidas siempre será limitado . Por lo tanto , cuando se diseña , hay que tomar de manera consiente ¿ Cómo se encuentra , uno en la vida? ¿ Lo que hago me está dando tiempo para vivir saludablemente en lo social? ¿tengo tiempo necesario para descansar? ¿ Hay una posibilidad de poder vivir mejor? ¿ De estudiar? ¿ De hacer lo que más a uno le gusta?. Pregúntate , porque de esta manera tomaras conciencia . Y empezaras a diseñar tu vida .

Entrénate día tras día...

Día tras día , si tienes un objetivo debes estar ahí presente lo que más puedas . O por lo menos tener tus horas de entrenamiento donde sabes que tu estarás ahí . Esta es la parte donde tu fortaleza mental se tiene que adaptar a las circunstancias y a todo lo que tengas que resolver . Vive , descubre pero igualmente , tienes que superarte . No importa cada día , si tu superación es solo un poco , lo que si para crecer también debes entrenarte y presionar contra aquello que te quiere detener . Los atletas saben que si no entrenan es imposible competir . Quien sea debe sentirse un completo vencedor con su mente y también debe acompañar eso con entrenamiento . La vida te ira premiando créeme .

Entrénate mentalmente , físicamente y espiritualmente . Es verdad que hay que dejar fluir pero también tienes que tener la disposición y entregar parte de ti para que las cosas se cumplan . Debes responsabilizarte por cada acto que hagas . A medida que valla pasando el tiempo puedes poner en una hoja como te vas encontrando en cada ciclo. Tienes que ver cuáles son tus hábitos personales . Descúbrelos y la mejor manera es viendo cómo estás en tu presente , que es lo que quieres o estas recibiendo .

El entrenamiento te hará despertar algo más de tu interior .

Muchas maneras hay de entrenarse , no es lo mismo para un deportista que para un abogado o un doctor o un empresario .En fin , para todos es muy parecido , veamos:

a) El empresario sabe o entiende que debe saber vender , comunicarse con gente , agregar valor , aumentar su capital , entender el apalancamiento(enfócate)

b) El atleta utiliza su cuerpo y debe entrenarse para las competencias .

c) En el caso del artista aumentar su creatividad y saber cómo plasmar ideas para que el público lo pueda apreciar .

d) Los abogados , los científicos , los albañiles , los médicos, etc . Todos saben que para mejorar deben aumentar su conocimiento para avanzar de puestos o tener más clientes, en este momento lo tomamos como entrenamiento. Siempre tienen que estar puliendo aquello que hacen. Si es que quieren aumentar su nivel de servicios .

Entrénate día tras día ...

"la única manera de avanzar " es dar de ti siempre más "

Recuerda que habrán problemas que tendrás que solucionar .

Esto puede ayudarte

Anota en una hoja el objetivo más difícil que necesitas o te hayas propuesto alcanzar. Un ejemplo: quiero organizar un recital y, en el, tocar con mi guitarra.

Después, detalla y desmenuza el objetivo. A cuanta gente se invitará al recital, fecha del recital, cuántas melodías tocaré, si habrá artistas invitados, etc.

Ahora enlistaremos las acciones que necesitamos realizar para alcanzar el objetivo. Primera acción: aprender a tocar la guitarra.

Después, enlistamos los pasos que debemos seguir para llevar a cabo cada acción. Para aprender a tocar la guitarra necesito encontrar un maestro, asignar un horario para las clases, etc.

Asignaremos un tiempo o fecha límite para cada acción. Esta dependerá de los recursos que podemos asignarle.

Bueno, ya tenemos el plan. Ahora viene la acción. Quizá sobre la marcha haya necesidad de modificar el plan. Hazlo si es necesario, pero antes pregúntate: este cambio que voy a hacer, ¿es porque realmente lo exigen las circunstancias? ¿O es solo porque yo no deseo apegarme al plan?

Por ejemplo, quizá no pueda ir a clases de guitarra todos los días porque mi instructor tiene un compromiso los viernes. En ese caso hay pocas opciones, y lo más conveniente es que los viernes no haya clases. Así que habrá que modificar el plan y retrasar la fecha del recital.

Por el contrario, si yo mismo decido no ir a clases los viernes por falta de disciplina. Prefiero quedarme en casa a ver televisión, salir con amigos, o por un simple cambio de humor. Ahí no se justifica el cambio. En ese caso hay que trabajar en el compromiso personal, y enfocarse en encontrar el motivo por el cual nos cuesta trabajo ser disciplinados.

Llego el momento en el cual hay que exponerse , donde tú tienes que estar al frente de lo que sea . Pueda ser un proyecto , frente a una empresa , entrevistas o lo que sea donde haya un público . No tienes que tener miedo , aunque estas cosas tarde o temprano aparecerán . Por lo tanto tienes que tener la experiencia . Cuanto más experiencia tengas, tu iras caminando en el camino del éxito con más seguridad . Si tienes información que fuiste aprendiendo a medida que transitabas el camino estarás mejor plantado/a en la vida , aun así siempre tienes que estar aprendiendo nuevas cosas porque todo va cambiando y necesitaras siempre adaptarte a nuevas tendencias . Debes tener siempre claridad , con aquello que quieres hacer . Y continuamente estar haciendo mapas , estos te darán un norte donde tu tendrás que ir modificándolos (eso dependerá de las situaciones que se te presenten) . Pero la guía será muy importante . Pero bien , nos estábamos refiriendo a " El exponerse", tienes que entender que si vas a hacer algo distinto en la vida , vas a tener que exponerte en varias situaciones . Eso quiere decir , que quizás puedas tener algo de miedo al principio , ya lo habíamos mencionado , eso es normal . Sin embargo , esto es parte de la vida , tu mente querrá dispersarte en cada momento . No le des lugar .

Hay coachs certificados , que te podrán mentorear con respecto al poder hablar en público . Si es que es algo que te intimida . Pero además de esto , puede ser que tengas que filmarte para las redes sociales , hablar en entrevistas radiales o también para reporteros y la televisión . Hay muchos factores que entran en la exposición . Si tú vas a hacer algo grande o quieres hacerte conocer con un producto o servicio por muchas personas tienes que perder el miedo a la exposición o sentirte familiarizado con esta .

Y eso se te quitara haciéndolo , sintiéndote feliz por lo que te toca . Hablando con información , siempre mantente informado . Es lógico que estarás siempre al tanto de lo que haces . Porque eres tu quien es que va a saber de manera firme y determinada aquello que haces .

" Siéntete bien , hazte conocer , agradece mucho todo lo que te ocurra "

Vamos a dar algunos puntos que te ayudaran a soltarte más:
.Organiza un pequeño taller , donde tengas que dar una charla a tus amigos . Seguramente sabes mucho de algo , puedes darlo a conocer a todos tus amigos .Invítalos .

.Crea un video para las redes , donde puedas hablar de un tema por algunos minutos . Desarrolla y vamos hazlo.

.Organiza también por las redes un pequeño sorteo donde tengas que charlar y vamos Hazlo .

. Siempre mantente en contacto con la gente , ellos necesitan que tu estés pendiente .Y muchas veces hay cosas que a la gente le puede servir .

.Puedes marcarte una guía de lo que vas a decir , eso te servirá . O los temas que dirás. No necesariamente te tienes que filmar todos los días . Puede ser que un solo dio a la semana , tengas que exponerte.

Todo esto te va a ir ayudando para que puedas empezar a familiarizarte con las exposiciones . Puedes empezar como desees , siempre y cuando tienes que saber bastante de algún tema que te apasione . Y llevarlo a conocer , todo ayuda , acuérdate que somos seres sociales , y a mucha gente eso le va a gustar mucho .

Una breve historia

Cada mañana era muy difícil para Juan levantarse, ir a trabajar, y obtener dinero para sostener el estilo de vida que quería. ¿El motivo? Juan no hacía lo que más amaba. Y al mismo tiempo, no amaba lo que hacía.

Solo tenía que decidirse a actuar. Calmarse y respirar hondo. Frenar un instante y visualizarse siendo feliz. "¿Por qué no soy feliz?", se preguntaba.

Hasta que un día un buen amigo le aconsejó: mejor pregúntate "¿cómo puedo ser feliz?" Y el enfoque cambió completamente. Juan se dio cuenta que su felicidad dependía de sí mismo, y de sus acciones.

Su primera acción estaba relacionada a él viéndose feliz, sintiéndose realmente acompañado en su espíritu de "una imagen" que pudiera calmar su alma de cualquier emoción aflictiva y mala, de duros golpes de la vida

Notó que no es cuestión de pelear sino de encontrarse con sí mismo, y de demostrarse que él podía imaginarse siendo muy feliz. Su felicidad no se debía a lo externo, a complacer a la gente que se encuentra a su alrededor, o a disfrutar placeres efímeros a cada instante. Él debía observarse en su mente dándole la mano a Dios, quien realmente no quiere dolor, ni agresión, ni peleas, ni resentimientos, ni nada que sea negativo para su vida. Acercándose a Él y Su Palabra se encontró con Deuteronomio 28, lo que le hizo ver que él no estaba destinado a sufrir. Juan había venido a este mundo a ser feliz.

¿Qué sigue? Avanzar. Pedir perdón a Dios quizás por sus fallas, por lo malo que haya hecho. A partir de ahí, actuar con benevolencia. El mundo y el universo han sido comprensivos y le han dado a Juan una segunda oportunidad para ser feliz, ¿por qué Juan no debería mostrar la misma benevolencia al mundo y a sus habitantes? Cuando se encontraba con situaciones tóxicas como recibir un cerrón al conducir su auto, que su jefe gritara por estar muy enojado, o cualquier situación que no servía a su felicidad, simplemente se retiraba. Sin dañar, sin criticar. Sin personalizar lo que sucedía porque nadie buscaba dañarlo o perjudicarlo; simplemente estaba en el lugar y momento menos convenientes. Así que todo lo que necesitaba hacer era alejarse.

Tu primera acción tiene mucho que ver con tu "autoimagen", con no dañarte interiormente. Juan nos recomienda: "tenga atención a lo que pone en su mente, en cómo reacciona, qué le duele, qué le molesta". Muchas veces uno se olvida de uno mismo y se aleja de realmente del ser. Lo peor es que uno no actúa por miedo a ser mal visto por la sociedad.

Sé un buen ser humano. Aléjate de quien no te favorezca. No pelees, eso desgastará tu vida y tu energía. Simplemente aléjate y pide el bien para los demás. Tu vida es tuya, cuídala y cuida de ti. Dios te acompañara

Escribe lo que te pueda sanar

Lamento haberme equivocado con (nombre de la persona), pero me perdono por mis resentimientos y mi odio.

En cada momento, he hecho lo mejor que he sabido hacer.

Valoro a mis padres, a mis hermanos, a mis amigos, a la gente, a mi mujer, a los animales, a los árboles, a la vida. Valoro y agradezco a Dios lo hermoso que es el universo.

"Tengo paz cuando veo las montañas. Tengo paz cuando veo el mar".

Tengo paz cuando veo los pájaros, escucho su canto, y cuando siento el viento en mi rostro.

Tengo amor cuando veo los ojos de mi mujer, de mi mamá, de mi papá, de otro ser humano y conecto con su ser.

Dar un poquito más siempre, me hace bien. Siento a veces el cansancio, pero la paz que genera servir un poco más a mis semejantes sana mi espíritu.

Acepto las equivocaciones de mis hijos. Acuerdo aportar a su crecimiento espiritual y personal, y luchar para darles todo el amor posible.

Sé que debo arriesgar, debo trabajar por luchar contra lo malo, debo ser un guerrero del bien.

No me callaré ante la injusticia. Levantaré la voz con la verdad, sin agredir.

Luche en la vida, luche por sus ideales.

Vamos juega como un niño . Cuando somos pequeños nuestra imaginación vuela . Y no nos limitamos a nada . Creamos aventuras con lo que sea . No tenemos el miedo que nos paraliza , y no pensamos que vamos a quedar mal . Quizás algunos son más vergonzosos que otros pero de todas formas la imaginación de un niño vuela . Es importante también tener la fantasía como un niño . Ellos sí que saben adentrarse en un mundo espectacular . ¿Porque a veces no los podemos imitar? .

Cuando ellos juegan no tienen por qué explicarle nada a nadie . Ni llegar rápido , ni tampoco quieren tratar de quedar bien . Solo juegan y eso los hace realmente espectaculares . Nosotros tenemos que tener ese chip e incorporarlo a nuestras vidas , sería maravilloso.

Podemos copiar la actitud de un niño e incorporarla a nuestras vidas .No tengas culpa por hacer cosas nuevas . Siéntete por una vez un niño . Ama aquello que vas hacer ,

Porque es tan importante actuar como un niño :

Porque cualquier cosa que inventes lo vas a hacer desde el corazón .

Porque si ellos se caen , se vuelven a levantar .

Porque no creen en el fracaso , todo lo intentan .

Porque su naturaleza es de explorar la vida , explorar todo lo que se pueda .

Porque la creatividad en ellos está latente día tras día .

Porque ellos realmente creen en los sueños.

Por la inocencia de creer en uno mismo y no dejarse sabotear por los miedos .

Por la fe que se tienen en cada paso , y muchas veces aprenden de alguien más experto .

Se caen y se levantan ... Cuando han tenido que aprender a andar en bicicleta , se han caído muchas veces pero se han vuelto a levantar .

Puede ser que a veces en el tiempo , mentalmente uno necesite la aprobación . Pero no te límites , actúa como un niño . Baila si tienes que bailar , canta si lo tienes que hacer , escribe si te gusta hacerlo , reflexiona . Muévete , tienes vida y eso es muy importante . Los pequeños lo saben por eso son tan inquietos , cree totalmente en ti .

Tenga fe

¿Qué es la fe?

Napoleón Hill decía que la fe es el acto de saber que tienes la capacidad de lograr tu objetivo en la vida. Cuando eso sucede, la única consecuencia posible es exigirte a ti mismo lo necesario para llegar a la meta. Comienzas a trazar planes, te exiges persistencia, actúas... En resumen, ir con todo por aquello que tú sabes que mereces.

Antes de tener fe debes trabajar en tu propio ser. Empieza por expresar todo lo que en algún momento que te haya hecho sentir muy feliz. Recuerda alguna época que pienses haya sido de la mejor en tu vida. ¿Cómo te sentías? ¿Qué era eso que te provocaba tanta alegría? Llamémoslo "el motor".

Ahora tráelo a tu presente. La idea es que, a partir de este momento, vivas con las mismas ganas, con la misma pasión, con la misma actitud que en esa maravillosa época del pasado.

Notarás que, no importa lo que te suceda a tu alrededor, sentirte alegre depende de que siempre tengas tu "motor" presente. Poco a poco te darás cuenta que tu optimismo y buen humor es más una decisión personal que algo que depende de lo que sucede a tu alrededor. Comenzarás a atesorar tu felicidad interior. Y una consecuencia inevitable: empezarás a amarte a ti mismo.

"Ámate.

Ámate.

Siempre ámate".

Si desarrollas tu capacidad de amor propio es seguro que Dios estará ahí cuando te equivoques, cuando te critiquen, cuando quieras intentar ser o hacer algo distinto. Pero perseverarás, gracias a tu fe.

Importante: es imposible que triunfes solo. Haz lo necesario para unirte a la gente.

Conecta con los demás, quiérelos. Saluda a todos, aunque no te saluden. Decir "buenos días" no cuesta mucho, pero puede abrir muchas puertas. Predica cosas buenas, así atraerás personas positivas. Recuerda que la máxima creación divina es el ser humano, y que cuando Dios quiere bendecirte lo hace por medio de una persona. Hoy es momento de tener fe. Toma un papel y escribe tu objetivo. Tu mente millonaria hará el resto, si te convences que debes lograrlo.

No está mal "mirar la televisión" un rato, tampoco lo está ir a ver un partido de futbol o ir al cine , a veces . Se trata de no abusar y de no excederse con las cosas .

La vida es un conjunto de situaciones que se viven muchas veces como consecuencia de lo que sentimos y los hábitos que formamos , quizás cuando pensamos que todo está mal y además que nada puede salir bien , sentimos amargura , y nos lleva a vivir en un estado anímico muy bajo y a no hacer nada o buscar el placer instantáneo.

El mundo es un reflejo de lo que nosotros creemos . Haremos lo que creamos que está bien . No importa si eso que hacemos , no nos favorece , ni tampoco si nos hace crecer o no . Muchas veces preferimos " lo malo conocido " quizás por miedo o comodidad que lo nuevo , porque quizás esto nos podría sacar de nuestra zona de confort y eso provoca la incomodidad que nuestro cerebro no quiere . Deseamos tener muchas cosas y para todo esto se necesita pagar un precio , no es sencillo pasar a tener una mejor calidad de vida , requiere" SER" una persona dedicada , productiva ,humilde y que aprende mucho de las enseñanzas de expertos . Además piensa en positivo y no creas en el fracaso.

Debemos programarnos cada día para que trabajemos con un fin " justo y deseable". Hagamos que nuestros sueños se cumplan " por partes" y los vivamos en presente . Vivir en el pasado " no es bueno" y lo mismo , Vivir mucho en el futuro" tampoco . Estas ahora en tu presente y toma conciencia de lo que estás pensando y observa atentamente como estas actuando .Lo que estás haciendo en este preciso momento , determinara una parte de tu vida. Está muy bien anotar para ordenarse los deberes que uno debe hacer .Pero "ojo" vive tu presente , ten en cuenta que somos seres que vamos armando como si fuese un rompe cabezas " nuestra vida " y bien , formamos hábitos los cuales determinaran la forma en que vivimos, además piensa siempre en un sueño gigante . No lo hagas en pequeño si está la posibilidad de pensar en grande , es momento de hacerlo y créeme no se pierde nada . Si tu mente te da cientos de posibles excusas , no dejes que pase eso y entra en acción , corta con todo eso . Porque si te dejas estar , es lógico que termines en la misma posición o peor , en cambio si entras en acción constante , siempre con grandes planes no importa del tamaño que sean " hazlos pasos por pasos " entonces estarás programando a tu mente paso a paso , por ende, esta no tendrá escapatoria ya no te limitaras porque vas a empezar a ver las soluciones ; por lo tanto tomaras valor , porque sabrás que las cosas se hacen con una suma de todo , y cuando uno dice todo me refiero a : la fe , al mapa a seguir a acciones cortas pero específicas , a entrenarse con un mentor y varios factores como el de sentirse agradecido por lo que vallas cumpliendo y los aprendizajes que posiblemente tengas en el camino.

La fe
vé lo invisible
cree lo increíble
y recibe lo imposible!

Micro objetivo

Dice Raimón Saimso: "¿cómo puede alguien comerse un dinosaurio? A bocados". Un micro objetivo es un "bocado", un pedacito de tu objetivo global. Es algo que aparentemente es muy pequeño, pero te convierte en una mejor persona y te pone un paso más cerca de tu meta.

Un micro objetivo debe ser:

✓ Significativo.

✓ Recompensante.

✓ Edificante

✓ Benéfico para ti y para los demás.

✓ Algo que pueda cambiar radicalmente tu día (o por qué no, ¡hasta tu vida entera!).

Y algo esencial: hacer al menos uno al día. Ejemplos:

Objetivo: mejorar mi relación con los demás.

Micro objetivo: saludar tres veces al día a mi mamá y decirle cuánto la quiero.

Objetivo: encontrar un empleo en la empresa de mi elección, donde mis cualidades ayuden a solucionar problemas.

Micro objetivo 1: enviar un mensaje a la empresa poniéndome a sus órdenes. Micro objetivo 2: visitar al gerente y preguntar qué necesidades tiene su empresa, para ofrecerles soluciones.

Micro objetivo 3: ofrecer una "muestra gratis". Estar dispuesto a trabajar algunos días sin pago, para mostrar mis capacidades y comprobar que puedo ser de gran ayuda.

Como ves, cada objetivo puede tener más de un micro objetivo. Pueden ser unos cuantos, decenas, ¡o hasta cientos! Por eso es importante anotarlos. Puede ser en un pedacito de papel, en tu celular, o donde quieras. Lo importante es recordar que esos micros objetivos son las pequeñas metas del día.

Ahora, esto no significa que, por arte de magia, todo saldrá bien y alcanzarás los micro - objetivos que te traces. Cada micro objetivo en realidad es un reto ante el que te pararás cara a cara. Todo dependerá de tu mentalidad, de tus ganas, de tu pasión, actitud y entrega. Recuerda quién eres y de qué eres capaz.

Ser creativo puede que no sea sencillo al principio . Pero esto es el principio de algo nuevo . Si encuentras algo que te guste como dibujar , quizás al principio te cueste encontrarle el punto de partida . Puede ser que dibujes para amigos o para las redes sociales , todo tiene un principio en el cual iras viendo cómo te va llevando en el tiempo.

De algo puedes sacar nuevas formas . Por ejemplo de dibujar , puedes sacar nuevas prácticas como pintura , diseño , historietas y muchas cosas más , que tengan que ver con aquello que es lo que más te gusta . También utilizar como servicio es algo que también no solo puede solucionarle la vida a otras personas también te llenara de satisfacción . Por lo tanto no es un camino lineal , sino que se va transformando . Va creciendo aquello , se va moldeando ; va aumentando y va elevándose a otros niveles . La profundidad de las cosas va tomando nuevas formas dependiendo siempre de hacia dónde quieres ir con tu alma , mente y cuerpo . Nada permanece estático cuando se determina ir aprendiendo y creciendo , porque todo cambia y va tomando nuevos caminos . Seamos creativos , aunque sea por pasos , todo sirve , eso le dará a tu vida un propósito . Y cada vez que trabajes en eso , sentirás que la vida realmente vale la pena . Porque cualquier progreso en nuestras vidas , es más sinónimo de más vida . Da pasos pequeños si es necesario pero el universo los tomara como gigantes .

El arte de cambiar a algo distinto:

Puede ser que hoy te hayas levantado de una manera . Y estas realizando lo mismo que haces todos los días . Solo cambia una cosa y observa cómo te sientes al principio (anótalo) .

. Hazlo otro día . Modifica siempre aquello , estúdialo , intenta mejorarlo en una pequeña parte .

. Al segundo día , estudia aquello un poco más , investiga (no es necesario utilizar mucho tiempo , pero si debes enfocarte)

. Cualquier acción con el ánimo de crear : beneficiara en tu vida .

Enfócate debes estar enfocado , no quieras hacer tantas cosas . Aquello que amas hazlo primero , luego con el tiempo se multiplicara en otras cosas ,pero vas a estar más preparado /am conforme a tu experiencia.

Si estas queriendo lograr algo espectacular debes poner todas tus energías en eso , si no le pones lo que le debes poner , el entrenamiento que debe tener , y solo lo haces con poca energía , en pequeño no te estarías comprometiendo del todo , entonces tus resultados serán equivalentes al interés que le pongas a ese proyecto . Empieza con toda la actitud y como lo vengo mencionando busca a gente o alguien que haya tenido resultados , aprende y quédate en modo alumno , iras avanzando .

Trabaja por partes

Trabaja por partes es la única manera de que puedas ir realizando pasos por pasos . Tienes que ir conectando una cosa con otra , a medida que pase el tiempo , te iras dando cuenta que las cosas las vas formando como si fuesen una serie de códigos . Si vas a hacerlo , no podrás hacer algo de una sola vez . Todo lleva un proceso , un tiempo , un camino. Por eso siempre menciono la idea de tener un mentor quien ha pasado por ese camino y haya obtenido esos resultados que tú quieres tener . Te ira dando un esquema , un mapa que es lo que necesitas . No quieras hacer todo solo/ a , debes llevar un programa donde tu iras haciendo los pasos adecuados para lograr los resultados que estás buscando . Quizás al principio entraras sin un mapa , pero créeme necesitaras a un mentor y de los que sí o sí tienen resultados para que te valla orientando. Entonces cuando estés ahí frente a lo que de verdad quieres , sabrás adonde te diriges . Y actuaras por partes .¿ Porque digo por partes? Seguramente habrás escuchado alguna vez , de alguna persona que intento algo , no pudo y lo dejo por completo . Por eso las cosas se van haciendo de una determinada manera . Y no de una sola vez. Si una persona quiere ir al gimnasio , y tener músculos de pronto eso le será imposible . Porque justamente todo lleva un proceso .

" *Recuerda que no se puede hacer todo de una vez , recuerda trabajar siempre con planes* "

" *Tienes que enfocarte en lo que es importante , tienes que trabajar por fases , y recuerda solucionar problemas dentro de tu negocio , querrás siempre hacer las cosas de una mejor manera* "

¿Ganar sin esfuerzos?

El placer instantáneo en la vida de un ser humano no es bueno. Ganar en cuestión de minutos, sin hacer el mínimo de esfuerzo, solo genera un placer efímero.

Ejemplos hay muchos.

- Jóvenes que heredan la fortuna de sus padres. Lejos de aumentar la riqueza que recibieron, tienden a reducirla o hasta perderla.
- Personas que, gracias a un golpe de suerte, ganan millones en la lotería. Después de un par de años de lujos desmedidos vuelven a ser pobres. En ocasiones incluso terminan aún más sumergidos en la miseria que antes de recibir el premio.
- El empleado que recibe un bono inesperado suele gastarlo en placeres de poca duración. Para cuando llega su siguiente día de pago el bono ya se agotó.

¿Cuál es la explicación detrás de estas experiencias? Es simple: nadie valora aquello que no consigue por medio de su propio trabajo. Si. Es el verdadero esfuerzo el que te premiará. Abre tus brazos bien fuertes al trabajo; aprécialo y agradece que lo tienes. Recuerda que tanto como des recibirás; si deseas que te lleguen las bondades de la vida debes estar dispuesto a dar lo mejor de ti (Efesios 6:8). Así que no creas que ganar se te va a hacer fácil. Habrá muchas rocas frente de tu objetivo. Nadie, absolutamente nadie, gana sin esfuerzo, dedicación, organización, riesgo. Si deseas abundancia en tu vida deberás seguir la línea del trabajo: estar presente en cuerpo y alma en el camino a tus metas; incluso en los momentos duros, de incertidumbre, cuando las fallas son más grandes, cuando sea hora de solucionar problemas. Si no aprendes que en la vida hay que permanecer firmes ante las circunstancias adversas (y solucionarlas), dejarás todo a medias. O buscarás placeres instantáneos a cambio de nada; lo que, como vimos, no puede durar mucho. La receta para el éxito incluye actitud positiva, confianza, disciplina y persistencia. Si quieres cambiar tu vida para mejorar, debes actuar para mejorar las cosas.

Tareas para mejorar:

> Actúa ahora. No pospongas ni procrastines.

> Desconfía si alguien te ofrece un negocio donde con mucha facilidad vas a obtener altas ganancias.

> Aprende de los que han logrado lo que quieres lograr. De quienes ya caminaron por esos caminos que deseas transitar.

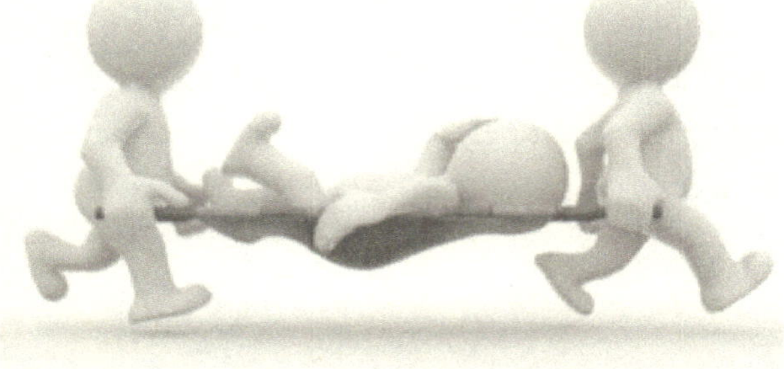

"Tu presente es lo que debes tomar, moldea tu vida a la manera que quieres "

Tienes que tomar acción pero debes fijarte en las consecuencias que puede tener esto. Siempre trata de observar que sería lo mejor para tu vida y también para la de los demás . Hay personas que han tenido resultados excepcionales , estos se pueden igualar . Solo que no se han quedado quietos , quizás haya momentos en donde tengas que tener paciencia u otros donde tengas que moverte de una manera muy rápida y tengas que ser más frio /a y actuar , pero en fin , siempre tendrás que ser congruente con lo que dices y llevar una vida que tenga sentido nada más que eso. Trata de que si tienes que modificar tus planes a medida que valla pasando el tiempo no tengas dudas y hazlo . No puedes estar haciendo todo tu día un trabajo que quizás no te guste y estar viendo un video en YouTube donde solo repites que eres rico y pensar que solo lo cambiaras de esa forma . Puede ser que te ayude a acercarte a lo que quieres sin embargo hay muchas otras cosas por hacer . Tienes que darte el ejemplo . Porque ahí está la diferencia . Además iniciaran nuevos cambios en relación al dinero , a tu calidad de vida y a los tiempos . Empezaras a notar un cambio excepcional . Por lo tanto no solo es cuestión de solo palabras , la vida también te presentara oportunidades , en las cuales tendrás que tomar decisiones y deberás cambiar el chip , para que puedas empezar o construir aquello que realmente está en tu corazón . Porque es fácil solo repetir una frase , pero cuando hay que incomodar al cerebro haciendo nuevas cosas que son las que realmente harán que tu vida cambie por completo .En esos momentos es cuando tu verdadera personalidad aparece. Y créeme querrás seguir con toda actitud peleando por lo que realmente quieres . Ten siempre la fe necesaria .

Es tu vida vales oro

Si, realmente; lo vales. ¿Por qué pensar lo contrario? En tu mente lo debes tener bien claro.

Miedos. El temor es algo que aparecerá, te lo aseguro. Pero, ¿qué te asusta más?

¿Ese temor repentino? ¿O pensar en que no vas a lograr lo que te propones, lo que deseas, lo que mereces...? El miedo es, en realidad, una gran motivación.

La pena. Puede ser grande o chiquita, porque desde pequeños nos enseñan a ser humildes y no presumir. Rompamos el paradigma. Vamos, vete al espejo en este momento. Mírate a ti mismo y encuentra lo hermoso, lo maravilloso, el milagro que eres. Menciona en voz alta todo lo bueno que encuentres en ti.

Vos vales mucho. Vos vales

Todos debemos tener un propósito espiritual, mental y material. Y tus diferencias, tus características especiales, son tus herramientas para lograr tu propósito.

Probablemente has tenido problemas y complicaciones. Has llorado muchas veces porque no te sale las cosas, o no puedes lograr eso que tanto deseas. Duele. Y es que el dolor es aprendizaje concentrado. El mundo, el universo, Dios, están intentando enseñarte algo importante. ¿Sabes por qué? Porque tu vida vale oro.

¡No más tristeza! ¡No más autocompasión! Dios te llevará por el buen camino. Solo actúa firmemente y dile a los miedos "¿tan solo eso me tienen preparado?

¡Yo soy un titán! ¡Puedo lograr con mi actitud de león las cosas que la vida me tiene preparado! Y puedo ir por mis propósitos".

¿Acaso está escrito que eres un perdedor? De una vez te digo NO. Y si piensas que estoy equivocado, busquemos ese papel donde está escrito tu nombre junto a la palabra "fracaso", ¡y rompámoslo! Eso aprendí de Juan

Diego Gómez. Eso se rompe, se destruye. Y se escribe una historia de mi agrado. Una historia de éxito.

Decídete ya

Cierto día me observaba a mí mismo reflejado en aquella fuente de agua pura y cristalina. Veía alguien con sueños, con esperanza. Observaba una vez más a aquel niño que no temía a equivocarse y solo quería experimentar la vida.

Te vas a equivocar. Quizás miles de veces. Quizás sean tantas que pienses "¿qué sentido tiene seguir intentando si todo lo que hago es fallar?" Te va a costar muchísimo levantarte algunos días y seguir por tus sueños.

Equivócate todo lo que puedas, y aprende. Aunque no lo creas, eso puede mejorar su vida.

Mi amigo Baruch Vera me contó una vez que su jefe y mentor decía: Existen dos tipos de tontos.

"Los creativos, que cada día buscan una nueva forma de equivocarse. Esos me caen bien. Es más, ¡me encanta que me sorprendan con nuevos errores!"

"Y los aburridos, que siempre cometen el mismo error; a ellos no los tolero".

¿En cuál clasificación encajas más? ¿Eres de los que cometen la misma equivocación, nunca crecen y siempre se quedan en el mismo lugar? ¿O eres del equipo de los que día a día se superan por medio de nuevos errores y enseñanzas?

La felicidad es un recorrido, no un destino. No hay un lugar donde llegar. La razón más importante para crecer, superarte y aprender es disfrutar tu camino, así que necesitas hacerlo agradable. Seguramente te vas a preguntar cómo. Respuesta: haciendo lo que más amas. Es la mejor razón para que continúes y cumplas con tus retos propios. Porque, ¿cómo puedes pensar en hacer crecer y mejorar algo que no te despierta pasión alguna?

Hacer lo que más disfrutas te motiva a mejorar en cuerpo y alma, a no ver problemas sino retos. A disfrutar que las cosas no sean perfectas ni fáciles, porque significa una oportunidad de hacer por más tiempo algo que te gusta. A resolver problemas de personas que solo tú puedas solucionar, y que además lo hagas con agrado. Por si fuera poco, y ya que donde hay favor hay recompensa, el dinero te llegará sin ningún esfuerzo. Y te vas a dar cuenta que el objetivo no es no es llegar a algún lugar llamado "felicidad", sino que todo es transitorio. Es momento de decidirte.

El amor de la gente

El ser humano es la obra máxima de la creación divina. El amor de quienes te rodean fortalece tu vida y la de los demás. Cuida tu salud, y tu corazón.

Puedo identificar en el ser humano dos características: su naturaleza y su esencia.

La naturaleza es aquello que nos es dado de forma innata: capacidades físicas, habilidades y necesidades fisiológicas. Y nuestro potencial físico y psicológico. Por ejemplo, las capacidades de aprender, de efectuar algún tipo de trabajo o ejercicio, y claro, de emprender proyectos. La naturaleza de todos nosotros es muy similar, ya que no hay grandes diferencias físicas entre un ser humano y otro.

Es difícil encontrar a una persona con tres brazos, con ojos que puedan ver en la oscuridad, o un cerebro con mayor cantidad de neuronas. Eso explica la frase "si yo pude lograrlo, tú también puedes". Lo que un ser humano logra gracias a su naturaleza despierta en sus semejantes sentimientos de admiración, inspiración y respeto.

La esencia del ser humano son aquellos atributos intangibles que definen la personalidad, obtenidos por medio de la experiencia y como resultado de sus pasiones e inclinaciones. Mucha gente los llama "valores". Otros más, "ideales". Esta es la que nos despierta sentimientos diferentes hacia cada persona, y define cuál será el nivel con el que nos relacionaremos con ella/él: amistad, cariño, o amor.

También hallarás personas cuyas pasiones no solo no concuerden con las tuyas, sino que sean diametralmente opuestas. Mientras tu esencia puede, por ejemplo, ser el respeto a las leyes, la de alguien más puede ser el placer instantáneo sin importarle romper las reglas.

Mientras tu esencia sea la mentalidad de abundancia (pensar que tu futuro depende de ti y que hay suficiente riqueza para todos), otra persona puede pensar como pobre (que su supervivencia es obligación de su familia o del gobierno, y que para que alguien sea rico otros deben empobrecerse). Si lo analizamos con detenimiento las experiencias de cada persona (las cuales definen su esencia) explican por qué no todos somos tus compañeros o amigos ideales, y por qué hay gente que no te quiera ver progresar.

La esencia es un motivo válido y lógico por el cual alguien cuyas pasiones concuerden con las nuestras recibe de nuestra parte un trato preferencial, y viceversa. Por eso es que, naturalmente, no tratamos a todos los seres humanos de la misma forma.

Está bien que protejas y ames muy especialmente a quienes posean una esencia que concuerde con la tuya. También está bien que seas cauteloso con la "gente mala". Pero asume que la naturaleza de todos es igual. Mirar a los demás te hará descubrir que en realidad no somos más ni menos. Desconéctate del ego. Muestra respeto y admiración por todos.

Cuando encuentres en tu camino con la gente mala proponte lo siguiente: no envidies, no insultes, no critiques ni te quejes. Si lo haces permites que tu energía se enfoque en ellos, e inconscientemente le pides a gritos a Dios y al universo que te los siga mandando. Permanece con la mente fija en tus objetivos, y deja que la esencia negativa, así como llegó, se vaya de tu vida.

Si haces lo que te sugiero te vas a encontrar de pronto muchas personas dispuestas a darte su apoyo, a brindarte las herramientas necesarias y además vos a ellas. Y como te estás enfocando en ellas, seguirán llegando a tu vida.

Recuerda: Dios nos bendice por medio de la gente.

Reflexiones

"Dale a la vida tanto como puedas. Dale acción, intención. Dale un plan. Dale inversión".

"Muévete del sillón. Práctica. Hazlo intensamente. La práctica constante sacará la fiera que tienes dentro".

"Imponte una mente bien enfocada y quiebra los paradigmas que te anulan".

"No te olvides nunca de ser feliz".

"A mis 29 mi papa sigue siendo mi gran maestro. A la distancia, desde donde en este momento me encuentro, sus palabras siguen teniendo la misma fortaleza como cuando era un niño. Y como aquel día que partí lejos, su voz era un impulso necesitado por mi espíritu. Sus correcciones y aportes no son ajenos a mí. Él es mi padre, yo soy su sangre".

"El respeto a la madre es primordial. Cuando uno valla creciendo debe entender esto. Así entendí todo lo que había luchado por nosotros. El respeto y el amor a la madre es primordial".

"Te deseo unas mañanas con mucha actitud y que termines los días haciendo de tu vida una obra de arte".

"Deseo con todo el corazón que, aunque te equivoques y te cueste mucho alcanzar tus objetivos, te desapegues del resultado y disfrutes del camino. Para un momento, pide a tu santo, y avanza. Nunca se olvide de este último paso".

"Cuando realmente se ama el negocio que uno va construyendo, se invierte con el corazón a cada instante. Se invierte no solo en cuestiones de dinero, sino en fe".

"Tiene mucho sentido hacer lo que más ama, junto a su equipo. ¿Quién dijo que sería fácil? El dinero será un medio para su crecimiento infinito".

"Descúbrase día a día. Se sorprenderá de la fuerza de su espíritu imparable".

"Invito (y me incluyo) a que cada persona pueda dar un poco más de sí. Hagas lo que hagas, da más en su trabajo, en el amor, en saludos a los demás. Ese poquito más de esfuerzo te ayudará".

"Tenga fe compañero. Tenga fe".

La tecnología y el Marketing

Cabe decir que en estos tiempos la tecnología es una herramienta mágica, pero solo para aquellos que pongan la atención que ella merece ¿Porque digo esto? Para que no solo seas espectador. Utilízala para tu beneficio y el de miles. O por qué no decirlo, ¡de millones! Internet ha llegado no solo para facilitarte la vida; también como una gran fuente de trabajo.

Analízala, investiga las técnicas para desarrollar productos o programas. Acá puede estar la respuesta ideal para que te puedas apalancar.

Algunos ejemplos de uso de la tecnología en este 2018:

- Las redes sociales son una obligación para el emprendedor. Ahí puede dar a conocer su negocio, su producto, promociones, y acercarse a sus clientes potenciales a un bajo costo.
- Desarrollar una aplicación para que el público compre su producto desde el celular. Incluso podría generar ingresos extra gracias a la publicidad que dicha aplicación pueda mostrar.
- Crear una página web o un esquema on-line para que el cliente pueda comprar o ponerse en contacto con tu negocio sin necesidad de visitarlo.

Es más. Usar la tecnología a tu favor puede evitarte costos de almacenamiento, inventario, recursos... ¡e incluso la renta de locales físicos! Es cuestión de que pongas toda tu atención en sistematizar vía internet. Sé que esto en primera instancia no luce fácil, pero con dedicación podrás hacerlo ¿Cómo? Bien, primero graba en tu mente aquel don, aquella pasión, aquello que solo tú posees y deseas convertirlo en un producto o servicio. Llévalo a este mundo impresionante que es internet. Vuelca todos tus conocimientos e imaginación.

Lo más importante para que tu negocio crezca es el **impacto**. Éste es la cantidad de personas que se benefician con tu producto o servicio. Pregúntate: ¿cómo puedo impactar a miles, cientos de miles, millones de personas? No seas tacaño con el impacto, ¡piensa en grande! Ahora gracias a la tecnología puedes abarcar muchos países.

Siguiente paso: asesórate con gente especializada. No cometas el error que Arkad, protagonista del libro El Hombre Más Rico de Babilonia, cometió al confiar en un fabricante de ladrillos un negocio de joyas. Pregunta a los expertos. No descartes ni temas pagar por su consulta. La sabiduría cuesta, pero la ignorancia conduce a la ruina (Proverbios 23:23). Recuerda tu objetivo: cruzar fronteras a través de este súper mundo online.

Y continúa aprendiendo y capacitándote. Día tras día investiga. Observa y copia como otros venden traspasando fronteras. Nadie dijo que emular un esquema exitoso va contra las reglas. Aunque lo ideal sería no solo copiar, sino mejorarlo con aportaciones propias que puedas hacer y que vayan de acuerdo a tu negocio. Así lograrás dar servicios de una manera fenomenal.

Por último, apaláncate. Hay grandes plataformas, grandes anunciantes, redes sociales más populares que otras, páginas web que te enseñan a mejorar en aquellos aspectos que necesitas. Todo al alcance de tu ordenador. Enfócate fijamente, pero no permitas obsesionarte a que las cosas te salgan a la perfección. Te vas a equivocar. Te va a costar. Incluso habrá veces que dudes si en realidad vale la pena lo que estás haciendo. Recuerda: si realmente no te apasiona tu negocio, difícilmente podrás beneficiarte. Vuelve a leer los demás capítulos de este libro si necesitas ayuda para motivarte. Y ponle toda la pasión y el amor.

Así es hay una infinidad de inversiones ahora en el mundo tecnológico. Pero no lo son absolutamente todas. Hay muchas maneras de invertir . Una mama que sabe cocinar . Hoy en día, puede empezar con la tecnología como herramienta . Seguramente si ella pide financiamiento , para poder aumentar su nivel de producción , con un plan de Marketing , ella podrá vender más . Pero de todos modos necesitara de un pequeño equipo , el cual cada uno estén dispuestos a trabajar para hacer crecer el negocio . Lo que ella hará es apalancarse con internet y su equipo . E ir con el tiempo aprendiendo más y sumar algunas personas más . Siempre y cuando se haga una buena calidad , estén dispuestos a trabajar de forma conjunta y reinviertan constantemente en Marketing, equipos para mejorar la producción etc. . No hay un límite , quizás esa mama tendría que tener ganas de empezar , de juntar a la gente que la correcta o intentar encontrar a los que sean adecuados para ese tipo de emprendimiento . Además los financiamientos y algunas inversiones en profesionales que puedan orientarla .Para crecer es muy importante que primero la mente de las personas estén totalmente convencidas de que lo que hacen realmente les da valor a las personas . No hay duda , todo empieza en una idea . Con mentes positivas , ganas , actitud , trabajo y dispuestas a avanzar . El crecimiento será con constancia y disciplina . Y hay que tener en cuenta que los negocios tienen ciclos , hay que estar continuamente invirtiendo y teniendo ahorros . Todo se puede siempre y cuando se tenga mucha actitud y disposición

Los momentos de crisis

Crisis: Esa palabra siempre nos provoca escalofríos. Tan solo escucharla pensamos en lo terrible que sería perder todo por lo que hemos luchado ¿Por qué sucede esto? Porque sentimos que no seremos capaces de dar lo que se nos exige. Esa es la definición de estrés.

Así es: son momentos en los que te sentirás atacado de forma emocional, tirándote muy duramente al suelo. Mi consejo: actúa intensamente por lo que amas. Mantén tu mente inspirada y fría; así pensarás con mayor claridad.

Recuerda siempre ese deseo ardiente por aquello que amas, ¡y ve por ello! Buscar lo que deseas es tan poderoso porque lo tienes muy dentro de tu alma.

Nunca te preguntes "¿por qué me pasa esto?" Eso te victimiza, te empequeñece.

En su lugar, practica preguntas positivas que hagan salir lo mejor de ti:

> ¿Cómo puedo superar este reto?
> ¿Para qué sucede esto?
> ¿Qué beneficio, aprendizaje o experiencia puedo obtener?
> ¿Cómo puedo apalancarme con lo que está sucediendo?

Si te fijas, evito personalizar la crisis. Es decir, no me digo cosas como "lo que me pasa" o "lo que *me* está sucediendo". Porque sé que en realidad no me sucede a mí. Las cosas no pasan para perjudicarte; simplemente suceden. No soy una víctima. El hecho de que la crisis toque mi vida es solo un "efecto colateral".

Por algún motivo, las preguntas positivas y el no personalizar lo que te sucede harán que tu mente funcione diferente. Dejará de buscar excusas y autocompasión, y empezará a encontrar soluciones.

Sobre todo, no dejes la emoción negativa sea más grande. Eres más grande que aquello que te lastima. Tienes el derecho de quebrar aquello que te complica la vida, eso que te hacía arrodillar, y que no te permitía continuar. Presenta las cartas que tienes y demuestra quién manda, quien tiene la voluntad en alza, quien puede trabajar hasta darlo todo.... Quién está a cargo de tu vida. Y te vas a sorprender del guerrero que tenías dentro. Los vencedores se hacen en los momentos de crisis.

Por último, pero no menos importante: ten presente que la crisis es un cambio de millonarios. Es dinero cambiando de manos. Es una oportunidad para ti.

Rompe con los bloqueos .La queja expresada en palabras " son bloqueos". Acuérdate y toma conciencia , tienes que ver qué es lo que te está bloqueando . Descubre en presente , que es lo que no quieres . Y empieza actuar paso por paso y cambiar tu realidad , la que no quieres . Se llama a esto : volver a programarte , tener una nueva perspectiva de la vida ; hacer énfasis en un nuevo proyecto , llevar plenamente un estado anímico más elevado . Y créeme , lo aumentaras cuando estés seguro que es lo que quieres en la vida . Rompiendo los bloqueos , es empezar a accionar con un propósito . He leído también varios autores entre ellos Juan Diego , en el que habla mucho de ser una vaca purpura . Realmente es un gran motivador , admirable . Tiene mucha razón , la mente nos puede jugar una mala pasada , y si no nos sentimos merecedores o valientes para lograr nuestros sueños tendremos un sinfín de bloqueos mentales que no nos dejaran evolucionar . Dejemos de lado todos los bloqueos , y empecemos a trabajarlos paso por paso , para ir desbloqueándolos . Lleva siempre un anotador , la mente no se acordara de todo lo que aprendas , se olvida.

Recuerda paso a paso . Deja de pensar que no puedes hacer las cosas , no te limites más . Si tienes duda siempre márcate un plan y muchas veces ese plan te lo marcas tú con la ayuda de un coach o un mentor . Y también con la gente indicada . Se agradecido totalmente por la vida . Debes meditar , tienes que encontrarte un momento contigo mismo y agradecer a la vida , a Dios . Porque al estar bien , al sentirte bien y capaz de hacer cosas para mejorarte , la vida es como un imán , se te ira entregando nuevas oportunidades .

Disfruta , tómatelo con calma . Tienes un largo camino por el que recorrer. Busca aquellos momentos , donde te puedas encontrar contigo mismo. No te desesperes por encontrar ya los resultados . Debes tener mucha conexión desde el corazón , agradece tanto como puedas . Date el tiempo como para descubrir quién eres , y que es lo que realmente te hace bien . No esperes , puedes comenzar a agradecer , en algún lugar donde te sientas muy bien . Hay espacios que puedes hacer , los cuales te darán una sensación de satisfacción inmensa . El tener un sentimiento de agradecimiento y de bienestar , atraerás también mucho más de este . Esos momentos traerán más momentos , estos se te irán como por decirlo de alguna manera "pegando" a tu realidad . Y por ende más cosas grandes y mejores , se te acercaran .

Los metafísicos lo suelen decir , atraemos las cosas desde el pensamiento y los sentimientos . Es muy lógico , que también uno tenga que actuar . Pero todo está conectado . Por lo tanto , es muy importante prestar atención a nuestras sensaciones , y tomar tiempos para estar en lugares donde uno se sienta bien. No estamos hablando de estar sentado todo el día, mirando la tele comiendo a mas no poder y solo recibir esos placeres instantáneos . Mejor dicho , hablamos de sentirnos libres , felices , con amor . También puede ser que esa sensación la descubras con tus hijos , en un parque. O mirando las montañas , cerca del mar . Donde sea que te encuentres contigo mismo por lo tanto estarás teniendo sensaciones correctas . Además esos momentos son los indicados para agradecer . Sí, no te olvides hazlo con todas tus ganas y siente . También desea , no te olvides que lo que desearas con una sensación de gratitud y de paz TE TRAERA INFINITAS POSIBILIDADES EN UN FUTURO . También estarás atrayendo próximas oportunidades . No tienes que enfocarte en lo malo . Si algo malo está pasando en tu vida . Por un momento debes detectarlo , como por ejemplo: si estás trabajando en un empleo que no te gusta , y además lo haces con amargura es lógico que estarás atrayendo más cosas que no te gusten , por ejemplo seguramente estarás concentrado en la escases . Quizás siempre estarás enfocado en la pobreza . Y el enfoque , las energías puedan estar simplemente haciéndote sentir mal y trayéndote resultados malos . Por lo tanto es muy importante que te sientas bien , y te concentres en lo que quieres . Porque si tú quieres algo pero estas haciendo algo que odias habrá una" Confusión en tu vida" . Debes saber adónde te diriges, que es lo que quieres de verdad saber esto también te traerá sentimientos de libertad y de más calma. Tengamos presente que todo lo atraerás conforme a lo que piensas y sientes . Ten en cuenta eso . Como decíamos , es mejor enfocar mucho tiempo en algo y sentirte bien . Quizás estés haciendo algo que no quieres , pero puede que aparte quieras hacer otra cosa . Tienes que intentarlo con todos tus sentimientos , *ENFOCATE CON UN BIENESTAR INTERNO EN UNA SOLA COSA Y POR TONDAS TUS ENERGIAS .*

Con el sentimiento , Pongamos ejemplos , dar gracias y sentirte bien porque tu trabajo actual te está dando los recursos para poder seguir con lo que te gusta .Permanece agradecido no negativo , enfoca en lo que quieres y esto se manifestara , también con los actos necesarios . La vida es así , no puedes estar sintiendo todo el tiempo desagradecimiento , pena , rencor, odio y más cosas así; estas son las que te bloquearan , no te dejaran crecer . Por eso , si no puedes cambiar , y tu trabajo actual es malo , entonces renuncia , busca otro , gana menos en tu empleo pero date espacios . Date tiempos donde puedes reencontrarte , gasta menos , enfócate en algún negocio que te identifique , donde te sientas bien , donde crezcas , donde la vida tenga para ti un sentido y no un compromiso de tan solo vivir . Empieza ya , a mostrarte algo distinto .

El desapego de lo que se ha logrado

Aprende que todavía te falta mucho por aprender. Desaprende, vuelve a aprender nuevas cosas, y vuelve sobre la marcha para volver a aprender.

No creas que ya ganaste. Si has logrado algo y te echas a dormir... Si realmente piensas que ya no tienes porqué superarte... Si pasa por tu mente que no necesitas invertir más sudor, más esfuerzo, más dedicación... Te quedarás estancado.

No es cuestión de lograr la perfección. Eso significa pensar que la felicidad es un destino, una meta, el obtener algo externo. Pero ahí no está la verdadera felicidad.

Muchas veces gente que ha logrado tener grandes posesiones (casas, autos, jugosas cuentas bancarias) sin antes trabajado intensamente lo que los japoneses llaman "el buen ser", padecen un miedo intenso por perder las cosas que tienen. Y es precisamente porque, a falta de un "buen ser", tienen la certeza de que nunca recuperarán esas posesiones. Creo que eso es malo.

Practica tu habilidad de aprender. Vuelve a viajar por lugares remotos; busca la incomodidad. Piensa que todavía no has llegado a la última meta, que no lo has ganado todo. Aprende de lo que sea: experiencias, libros, personas... Despertar con hambre de triunfo y superación te dará los impulsos, los bríos necesarios para levantarte cada mañana con toda la pasión por la vida.

La realidad no es esa que logramos ver por fuera. Más bien es algo que está muy dentro de nosotros. Es aquello que guardamos muy en nuestra mente, en nuestro espíritu, en nuestro corazón. Te invito a que no nos creamos poseedores de nada de esta vida; simplemente vamos a disfrutar y agradecer por todo lo que hay a nuestro alrededor. Entenderemos que todo es transitorio, que todo puede acabarse en tan solo un segundo y que nada nos va a quedar. Y nos vamos a enfocar en disfrutar tantísimo, lo más que se pueda, todo lo que nos toque. Por ejemplo, si tienes la dicha de estar casado(a), entender que no es "tu esposa" o "tu marido". No te pertenecen, no son tu propiedad. ¿Qué puedes hacer? Ganar su amor cada día. Todo lo que está en la tierra es simplemente un paso. Valora tu camino, ama profundamente.

No tengas miedo a perderlo todo. Nuestros logros, nuestras posesiones, nuestras riquezas, son cosas insulsas en la vida. Ponte en modo aprendizaje, y de valorar lo que ya tienes a tú alrededor y todo lo que te valla tocando sin apegarte. No lo olvides: día a día trabaja en "el buen ser" y cada acción disfrútala al máximo.

"SÉ COMO AQUEL PÁJARO QUE NO NACIÓ SOLO PARA POSAR Y QUEDARSE QUIETO. VUELA ALTO Y OPTA POR DISFRUTAR DE LA VIDA QUE DIOS TE DIO. PERMÍTETE DESCUBRIRTE DIA TRAS DIA".

Tomemos un tiempo para "respirar". Muchas veces recalco es trabajar por los sueños que uno tenga . Porque si alguna vez tienes un problema . Te darás un pequeño tiempo cuando quieras para respirar. Quizás al principio tengas que enfocarte un mayor tiempo para obtener resultados . Pero realmente en el proceso es importante que respires , que te des la oportunidad de viajar en bicicleta , en Bus en lo que sea donde puedas observar y sentir la naturaleza . Date un tiempo , siempre que puedas o hazlo de manera frecuente y empieza a volar .Estarás meditando , te encontraras contigo mismo . Esto te va a llenar de vida . Hazlo de manera que quieres , solo/a o con gente . La vida es maravillosa y además es tan solo una . No te encierres en un pequeño espacio , halla afuera hay mucho más . Y si sabes adonde quieres dirigirte , entonces tu vida va a cobrar más sentido . Porque tenemos que sentirnos libres . Creo que todo ser humano ama la libertad de poder elegir donde quiere estar . Nuevamente es importante estar bien anímicamente , y estas son cosas que llenan el alma .

Hay muchas actividades que el ser humano puede realizar . Vamos a nombrar unas cuantas :

. *Disfrutar al aire libre .*
. *Viajar a otras ciudades .*
. *Viajar en bicicleta o en moto .*
.*Visitar las montañas .*

. Visitar el mar .

. Hacer gimnasia .

. Ir a la iglesia .

. Reunirse con gente positiva .

.Ir al parque .

. Ir al cine o a tomar un helado

.ir a las bibliotecas digitales

.Ir a algún evento .

. Ir a las ferias de libro .

. Ir a juegos deportivos .

. Ir a hoteles .

. Ir a canchas de futbol , de Hockey .

. Escribir lo que quieras .

.Realizar una nueva disciplina . Hacer algo artístico .

Como verán hay muchas actividades las cuales uno puede hacer . Siempre y cuando uno pueda hacerlas entonces vamos anímate , que el tiempo pasa y si no disfrutas tu vida cuando puedes , el mañana no existe . Simplemente es este el presente que estás viviendo y tienes que disfrutar lo más que puedas .

Apreciar lo que se materializa

Agradece de todo corazón todo lo que te toca poseer en la vida, todo lo que se materializa, lo que ves en este momento. Verás qué bien se siente. Ojo: no significa que adoptes una idea conformista. Nunca te conformes. Nunca mandes al universo el mensaje de que no mereces más de lo que ahora tienes. Pero sí siéntete vivo o viva. Valora y agradece aquello que ya tienes, porque es la mejor forma de que recibas más: siempre obtendrás más de aquello por lo que agradezcas; así que te recomiendo que domines el arte de ser agradecido. La vida pondrá en tus manos muchas cosas. Serán el producto de tus labores, de tus intenciones, de aquello que vas construyendo. A eso lo llamo "materializar". Ten en cuenta muy atentamente que nada es propio; todo es transitorio. Así que disfrútalo con todo tu ser, y no olvides que aún hay muchísimo más por disfrutar. Ve por ello. ¿Por qué no disfrutar de lujos, de una hermosa familia, de una profesión o negocio que te haga sentir pleno y feliz? Aprecia y siente profundamente todo lo que se te materializa, pero cuidado con el apego. Sientes apego cuando consideras que los bienes materiales y espirituales te pertenecen; por el contrario, sientes aprecio cuando los ves como algo prestado, como un privilegio. Recuerda que ninguna posesión puede darte la felicidad. Ésta se encuentra dentro de ti. Antes de terminar con este libro, quiero contarte un poco más de mi vida. He comenzado a escribir no hace mucho, este libro es una edición mejorada de tu vida vale oro. Yo he realizado un primer libro en el 2018 llamado como hacerse rico para siempre, apenas lo termine, quise presentarlo, pero las puertas no se abrieron como había pensado apenas lo termine, quizás en nuestra mente idealizamos algo, y pensamos que eso va a ser un éxito extremo pero luego caemos quizás en los obstáculos que nos presenta la mismísima vida, pero que son parte del juego, no te eches para atrás, te está poniendo a prueba, realmente ¿te mereces eso por lo que estas luchando? tendrás miles de obstáculos, equivocaciones tremendas, pero cuanto realmente crees que eso te lo mereces? En mi caso sigo escribiendo espero mejorar con el tiempo, pero todos tenemos algún sueño distinto, te pido con humildad, no lo abandones, esfuérzate con el corazón para mejorarte día tras día, tendrás que estudiar aquello que te gusta sea lo que sea. Pero en cuanto te aparezcan las barreras, querrá decir que el universo te estará haciendo una gran pregunta ¿realmente quieres eso que estás buscando o bien este camino es el que quieres transitar? Vamos, avanza de eso se trata la vida, simplemente es un camino donde aun así agradece con todo el corazón todo lo que tienes pero avanza que tus sueños mágicamente se te vallan dando, no creas que es fácil, tendrás que trabajar muchísimo y habrá siempre incertidumbre, también quizás no ganes absolutamente un peso, de eso se trata ¿cuánto te lo tienes merecido? Quizás muchas veces te preguntes porque, como rayos no puedo obtener ese premio, ese dinero, esa fama, pero no. Tu propósito no es que estés obsesionado con esas cosas, tu propósito es mucho más grande que eso, viene dentro de ti, está relacionado con tu alma, con tu fe, somos mucho más importante que cualquier fama, dinero, o premios, valórate, *amate como nunca, y cada objetivo aprécialo con todo tu ser no importa cuántos errores cometas lo importante es que camines hacia aquello que amas y que ames tu camino, y la magia se hará presente día tras día...*

Defiende tu idea.

Defiende tu idea, como si fuese tu hija o hijo. Si vas con todo tienes que ir "Con todo ". No a medias, ve con toda la actitud, y cada frase que salga de tu boca, en relación a lo que haces, defiéndelo ante todo . Defiende aquello por lo que has venido . Aquello que tienes en mente y que quizás te de vergüenza demostrarlo al mundo, defiéndelo, cuídalo, consérvalo y llévalo a donde tú quieres .

Nadie, absolutamente nadie puede decirte que algo no puedes hacerlo . Hazlo igual, tomate el tiempo que necesitas . Entra con toda la actitud y carácter . Nada de ir flojito . El carácter lo formaras a medida que valla pasando el tiempo . Rompe con todo tipo de limite . Te vas a encontrar seguramente con gente que te dirá que no hagas aquello que más deseas porque quizás no te podrá ir bien o quizás porque tengas que hacer muchas otras cosas .

Vamos a dar algunos ejemplos :

Te sale una nueva oportunidad de negocios que se adapta a aquello que te gusta .

. Algunas personas por ejemplo, por cuidarte (nunca será con mala intención) u otras en otra posición podrán decir :

a) No lo hagas todavía, quizás no es el momento .

b) Mejor sigue haciendo lo que sabes .

c) Ten cuidado podría pasarte algo malo ;Podrías perder todo .

d) Tu trabajo te espera .

e) Mejor este fin de semana vente con nosotros a tomar algo (Termina siendo todos los fin de semanas)

f) Hagamos siempre lo mismo .Para que hacer eso si ni siquiera te da dinero .

g) Es muy difícil para ti . Eso solo lo hacen las estrellas .

h) Mejor malo conocido que malo por conocer .

O si ya tienes amigos o un jefe que intenta limitarte :

a) Eso no es para ti .

b) Lo tuyo no tiene arreglo.

c) Deja de volar , ponte los pies en la tierra .

d) Ve a dormir .

e) Solo son sueños , deja de soñar.

"O pueden insultarte . De verdad , no tienes por qué estar en donde te insultan , no es motivo , no hay razón . Tu vales mucho , ni más ni menos que nadie pero lo vales para los ojos de Dios . Por lo tanto , tu vida es tu vida y vale".

"Defiende aquello que amas , como nada en el mundo . Cree incluso que tu sueño es más grande que ti mismo . Y que tú eres pequeñito en relación a lo que quieres lograr o mejor , al camino que quieres transitar." Has que valga tu paso por este mundo ...

¿ Existe un destino ?

Creo que tiene mucho que ver lo que hagamos , sentimos , pensamos ; también planificamos , escuchamos , aprendamos y comamos . Seguramente se nos estará olvidando más palabras . Estamos de alguna forma programando nuestras vidas . Tienes que entender que tu vida es un resultado . Realmente creo que Dios está presente en cada cosa y somos una creación de él . Sin embargo , no nos quedemos con brazos cruzados , o pidamos solamente y no hagamos algo , para cambiar nuestras vidas . Tenemos que entrar en acción . Cada habito que se forme determinara profundamente las cosas que nos pasen . Como dijimos al principio , no está mal darse unos gustos , tampoco salir al cine , mucho menos ir a un estadio o a un recital de música . Todo me parece que está muy bien .Lo único que uno debe prestar atención , a cuanto es el tiempo que le estamos dedicando al ocio , a salir , a tomar , a estas cosas . Realmente tienes que observar atentamente estas pequeñeces , porque los hábitos te definen totalmente .

Puede ser que exista un destino . Y sabemos muy bien que nuestro paso por este mundo es temporal . Pero lo puedes vivir de una mejor manera . Puedes intentar con todas tus fuerzas , sentirte y pensar de una nueva manera para crear una nueva forma de vida . Puedes viajar por muchos lados . También te puedes dar la oportunidad de ganar dinero de una determinada manera para que puedas tener más tiempo y de tal manera que puedas pasar más con tu familia , viajar más a lo de tus abuelos , si es que los tienes , tus hermanos , tu gente , tus padres , tu novia o novio . En todo esto me refiero a vivir una vida que te sientas feliz . Y por sobre todo que te de libertad ; esa libertad que es la que nos da tiempo y también una mejor calidad de vida.

¿Existe un destino? Puede ser que si . Pero vamos diseñándolo como queramos , para no llevarnos una sorpresa y encontrarnos en donde no queremos estar , porque no nos sentamos un rato a planificar y a pensar de una manera (que sería la que queremos).

Tienes que prestar atención :

a) La comida (presta atención a lo que ingieres)

b) Los pensamientos más los sentimientos (los resentimientos , la ira etc.)

c) La culpa .

. Con respecto a la comida , si ingieres todos los días comida chatarra o gaseosas azucaradas , si o si debes prestar atención a tu salud.

.Si vives enojándote con todo y estas resentido (también analiza eso)

.También la culpa , si sientes culpa por todo . Si también haces algo y después te sientes culpable por aquello . No hagas lo que sabes que te hará daño .

Servir

Todos nosotros buscamos vivir en abundancia, en prosperidad. Y todos sabemos que la mejor forma de lograrlo es por medio del dinero.

Pero, ¿qué es el dinero? Si te fijas no es otra cosa más que la recompensa por solucionar un problema, la consecuencia por servir a otros.

Entonces, el servir y ayudar a otros es, en realidad, la llave que abrirá la puerta de entrada a tu abundancia y prosperidad. Tu riqueza será tan grande como la cantidad de personas a las que sirvas, y la calidad de la ayuda que brindes.

Las ganas de servir pueden contra todo. Si trabajas intensamente con esa mentalidad nunca iras en contra de nadie. Progresarás por medio de causar progreso a otros. Asimismo, las críticas, las mofas, y todo aquello que atente contra ti te importará cada vez menos. Inconscientemente te enfocarás en que tu trabajo y tus resultados sean firmes.

Recorre este maravilloso camino que llamamos "vida" siempre con ánimos de dar y así le darás un giro sorprendente a tu existencia. Servir es una forma de crecer, de prenderse a una nueva esfera de crecimiento.

Ezequiel, ¿tienes alguna anécdota en la que haber ayudado a alguien te haya dejado un crecimiento o enseñanza? Por ejemplo, aprender plomería gracias a que ayudaste a un amigo a instalar su inodoro.

Por otra parte, nada te podrá parar cuando tu ambición por mejorar la vida de los demás sea tan fuerte, que ese ideal esté bien tallado en tu vida. Tus trabajos te darán una satisfacción enorme. El servicio te llevará a la prosperidad que deseas.

Por si fuera poco, si además disfrutas y amas lo que haces técnicamente recibirás doble paga: dinero y auto realización.

Palabras que nunca te deben faltar:

✓ DETERMINACION,
✓ AMOR,
✓ PASION,
✓ GANAS,
✓ COMPROMISO,
✓ FE,
✓ HÁBITOS,
✓ PERSISTENCIA,
✓ TENACIDAD,
✓ ...y no lo olvides: SERVICIO

"Bruscamente puedes caer. Quizás duela. Pero ahí estarás levantándote firme para seguir sirviendo, y demostrándote que lo grande se hace con esfuerzo, con pura transpiración. Y con fe"

Hagamos un pequeño entrenamiento

Te voy a dar algunas actividades para mejorar tu calidad de vida :

1) Piensa Bien .

2) Siente bien.

3) Organiza en una hoja , aquellas tareas que son importantes para hacer.

4) Organiza en la misma hoja las tareas por fecha (aunque sean aproximadas)

5) Si es necesario modificar algunos planes , siempre que sea de beneficio , hazlo.

6) Come lo necesario . Aliméntate bien .Ingiere cosas que hagan bien a tu salud.

7) Ponte objetivos que te saquen de tu zona de confort.(hazlo a menudo)

8) Empieza a ser creativo.

9) Camina o haz gimnasia . No tengas una vida sedentaria .

10) Participa en algunos eventos donde puedas tener vínculos sociales .

11) Ármate un plan anual . No importa si debes ser flexible . Organiza uno igual .

12) *Participa en aquellos eventos que estén relacionados con aquello que a ti te gusta.*

13) *Compite , siempre y cuando sea de manera sana , hazlo , eso hará que te superes . Nunca queriendo pasar por arriba de alguien más , siempre hazlo con humanidad .*

14) *Llama si tienes que llamar , Manda un texto si es necesario , ve y preséntate si algo por dentro tuyo te dice que lo tienes que hacer . Busca si tienes que buscar. Quédate un rato más trabajando en eso que amas , si es necesario . Levántate y sigue .*

15) *Reúnete con las águilas . Permanece mucho tiempo con aquellos que tienen una mentalidad arrolladora .*

16) *Busca oportunidades , si ellas no llegan a tu vida . Búscalas .*

17) *Aumenta tu estatus mental . No digas que quieres ganar lo que se puede . Ponte números altos , no pierdas nada , todo lo contrario puedes ganar mucho(no seas avaro , solo no te conformes)*

18) *En la vida si puedes mejorarte , nunca dudes que también lo puedes hacer con otras personas . Enfócate a mejorar las vidas de los demás .*

19) *Lee , lee . Debes ser un lector ávido . Investiga , escucha audios , mira videos . Todo lo que te aporte a tu vida .*

20) *No procrastines. No dejes para otros días , lo que tienes que hacer en ese momento . No postergues . Si esto se te vuelve un habito , después se te hará más difícil romperlo .*

21) *Si es necesario hacer pruebas (aunque tengan fallas) hazlo , se trata de intentarlo siempre .*

22) *La perfección no existe , siempre habrá un camino en el que hay que aprender nuevas cosas . Quizás puedas elevar de niveles , pero eso no te hará perfecto , siempre tendrás que estar como un alumno de la vida .*

23) *Escucha , tienes que saber escuchar . No parlotees mucho , una gran parte tienes que saber oír a aquellos que están en mejores niveles .*

24) *Se humilde , es uno de lo más importante , la humildad .Somos todos gente , y por eso solo queremos ser felices , vivir una vida en paz , estar en amor y tener el dinero suficiente para poder tener un buen bienestar de vida y si es posible cooperar con los propios , si es necesario .*

25) *Te fe , nunca pierdas la fe . Agradece con todo tu corazón a Dios .*

Quiero compartir mis reflexiones

❖ *"Brilla. Verás, sé que, si con tus pensamientos cada día lo haces más real, brillo serás".*

❖ *"Amor darás, amor tendrás".*

❖ *"Que tus peleas no sean en vano ni por nada absurdo. Que sean por un gran bien para quien sea, incluso para vos mismo. La lucha será divina con la presencia de Dios".*

❖ *"Demasiadas son las palabras. Calla un poco, actúa y ama tan profundamente que tus abrazos, sonrisas, miradas, palabras amables del día se queden cortos.*

❖ *"Ahí cerca está la luz, porque no puede ser todo oscuro todo el tiempo".*

❖ *"Un momento párate a la mañana. Camina si puedes hacerlo. Observa pero esta vez con los ojos de tu alma. Mira por un instante. ¿Ves? Esa es la vida. Es algo bonito".*

❖ *"Pensamos que caemos, pero nunca es así, nunca caemos; solo vivimos. Y así es la vida. Nunca perdemos, solo está en nuestra mente. Y así es el transcurso de esto. Tendrás todo, y a la vez no tendrás nada".*

❖ *"Todo está en tu mente, pero tu corazón es el que manda, él realmente decide.*

Date la oportunidad, si tu deseo es profundamente amar hazle caso, no hay pérdidas".

❖ *"No le ganes al miedo o al dolor nunca. Aprende a lidiar con ellos, y a reinventarte.*

Adelante".

Atención

La zona de confort es un lugar hermoso. Pero nada crece ahí.

Presiónate a ti mismo. Entra en la zona de incomodidad. Sí, esa zona desconocida. Ese territorio donde las cosas no salen a tu favor a cada instante.

Tu lado emocional debe ser fuerte, y tu autoestima bien persistente.

Tu objetivo debe estar bien claro. Cuando te pregunten qué quieres, tienes que saber QUE ES LO QUE QUIERES Y POR QUÉ. El motivo de tu esfuerzo debe ser mayor a tu miedo a la zona de incomodidad.

El motivo es, en realidad, aquello que te guiará en el camino desconocido. Imagina un barco que sabe exactamente a qué puerto dirigirse. El capitán estará dispuesto a navegar por aguas misteriosas, o superar tormentas y visitar rumbos desconocidos, con tal de alcanzar el puerto donde echará amarras.

No lo hagas a medias. ¿Qué es lo que QUIERES?, ¿Cómo deseas vivir la vida?

Atención: cada vez que te levantes debes saberlo. Debes decirte a ti mismo: "lo quiero, lo deseo. Lo merezco. Realmente yo persevero en esto, porque estoy convencido que estoy echo de hierro"

Lo mereces. Nada de ir a lo poquito. Júntate con gente positiva, personas que te contagien. ¡NADA DE NEGATIVOS! No les guardes odio o desprecio, pero tampoco les prestes tu oído.

PRESTA TODA TU ATENCION A LO QUE DESEAS, anímate a decretar lo que anhelas, con total seguridad. Visualiza tu propósito. Hazlo tan real que te provoque pegar un salto de tu cama todas las mañanas.

Observa a" LOS GANADORES ":

La vida de una persona ganadora no es como la imaginamos siempre . Cuando nos referimos a un ser que tiene éxito . Las cualidad más importante que lleva esa gente es" la mentalidad ". Tienes que tener la capacidad de ser flexible , de mejorar tus planes cada día . De estar presente en los detalles . Normalmente pequeños y no menos importantes detalles que hay que observar . Muchas veces se hace un plan a seguir y a la primera que algo sale mal , se tira a la basura y se dice que eso no es para uno . No es lineal , es simplemente un camino ,donde hay mucho por aprender . Eso sencillamente nos dice que hay que refinar cada cosa que hagamos . Por eso la importancia de buscar un mentor . Porque ellos han pasado por aquellos caminos que queremos seguir . . Y lo he dicho , hay gente dispuesta a dar información . Quizás puede costar algo al principio , pero hay que buscar la manera de que te puedas contactar con ellos . E ir creciendo , esto no importa si tarda un poco , lo importante es que estés ahí presente , con las ganas de aprender y actuar . También hay libros que te ayudaran.

Los ganadores deben superar obstáculos . No les importa si es difícil , si todo es un proceso en el cual hay que batallar . De eso se trata , si te pones un objetivo en la mente , debes buscar las formas para lograr tus metas y amar el proceso y así ir haciendo progresos . Y si estas consiente de lo que haces en tu presente , vas a ir diseñando tu vida , le encontraras un sentido (como hablamos en el otro capítulo) . El nivel en el que estés es producto de tus sentimientos y tu mente , porque si no te sientes merecedor/a de las cosas hay que trabajar mucho en la mente y los sentimientos . Empieza a sentirte , a pensar , a actuar y a ponerte en modo alumno y consigue aquello que buscas .

ten en cuenta que al levantarte todos los días . Primero hay que agradecer por estar vivos . Luego el poder disfrutar de ese día , será sensacional . Pero aquí hay que hablar de algo que quizás sea difícil a veces . El luchar y luchar por nuestros sueños es muy importante . Tenemos que hacerlo aunque duela a veces . Quizás haya que levantarse y trabajar por un sueño que no te esté dando rendimientos de capital .

Puede ser que al principio sea así . Si amas eso , lo seguirás haciendo . No importa si puede ser que no te estén pagando . Lo harás igual . Tendrás que persistir todos los días por eso que amas . No tendrás que dejarlo .

Se trata de insistir , levántate una y otra vez por eso .

Porque tienes que ser luchador o luchadora , porque quizás lo que estés haciendo en un empleo , no te gusta . Y por lo tanto tengas que cumplir horarios todo el día , todos los días , la semana , los meses y años . Y vivir esto repetitivamente todos los días de tu vida . Si estás haciendo algo que no te llena , párate unos instantes y lucha por lo que amas . Por favor no lo dejes .

Hazlo incluso aunque sea más grande que tú mismo . Quizás en algunos momentos dolerá . No tendrás otra opción , veras como muchos resultados no te darán , estarás buscando intensamente lo mejor para ti . Pero debes comprender que necesitas ser persistente, Debes confiar . Debes intentarlo una y otra vez hasta que salga . Siempre mencionamos a tener un mentor . Pero que tan importante será que insistas eso sí bastante .

Luchar no debe ser un sufrimiento , porque cuando se hace algo que a uno le encanta entonces todo tiene por lógica que ser más llevadero .

Quizás a veces los fantasmas de la mente son la queja , la culpa , la negación y la auto limitación . Todo lo que nuestra mente hace , será para ordenarnos que nos quedemos en un sitio sin movernos y sin luchar . Esto no sería nada bueno para nosotros porque , no nos dejaría progresar que es lo que más queremos . Entonces luchar como se pueda , cada día por lo que queremos es realmente muy importante .

Técnicas para tu emprendimiento

1) Aumentar tu capacidad de ventas con el arte de insistir en el puerta a puerta (cambaceo), anuncios publicitarios por internet, etc. Busca el apoyo de un equipo experto en publicidad. Recuerda que "el que no enseña no vende".

2) Estudia y capacítate profundamente en neuromarketing y neuro ventas.

3) Cuantas más cosas hagas para el crecimiento de tu negocio, más frutos te dará tu negocio. Lo mismo pasa con la mente.

4) Pregunta donde puedes adquirir financiación para tu idea. Prepara un plan de negocio y presenta tu proyecto.

5) Ponte en acción cuanto antes. No esperes el "momento indicado". Si buscas el instante ideal para empezar, fue hace 5 minutos. Es importante que arranques en el camino de las equivocaciones, las mejoras, los logros etc.

6) Al invertir dinero pon tus sentimientos a un lado y mantén la cabeza fría. En los negocios a veces el corazón es el peor consejero. Es cuestión de invertir para hacerlo crecer. Así que lo ideal es basarte en hechos, y no en sentimientos, para tomar tus decisiones. El mismo dinero será tu herramienta para que crezca tu abundancia. Si un negocio te genera utilidades es ideal que sigas inyectando capital sobre este mismo negocio por unos años.

Warren Buffet, genio de las inversiones, tiene dos reglas:

- Asegúrese de nunca perder dinero.
- Asegúrese de nunca olvidar la regla #1.

7) Relaciónate. Adquiere contactos, busca socios, busca empresas, busca equipos. En los negocios no hay "Rambos", nada se puede hacer solo.

8) Debes sistematizar tu negocio tarde o temprano. Hay excelentes herramientas hoy en día en internet para crear un sistema de negocio. La meta es que genere ingresos pasivos, es decir, que no requieran tu esfuerzo directo ni tu presencia. Construye un equipo y un esquema de trabajo que generen esos ingresos pasivos.

9) Crea tu propia marca registrada. Tu idea, tu negocio, debe resumirse en una o dos palabras, y en un logotipo. Ya que lo tengas publicítate. Haz que te vean, muéstrate.

10) Se educado y ético para los negocios. Así harás muchas relaciones sociales. ¿O a ti te gustaría hacer negocios con gente mentirosa? ¿Con ladrones? Trabaja en tus valores, tu conducta, tu "buen ser". Si no tienes respeto por los demás, los demás no aportarán a tu negocio.

11) Quizás tengas mucha gente que no está de acuerdo con tu servicio o producto. Se siempre amable. Nunca estalles en ira con nadie. Harás la diferencia con la amabilidad. Así lograrás atraer honor y favor hacia ti.

12) Mejora constantemente, en todos los aspectos. No hay un punto límite.

13) Si bajas la calidad de tu producto para obtener más ganancias, tarde o temprano se descubrirá. Aumenta tu calidad no la bajes nunca, todo sale a la luz a la larga. Si vas a recortar precios, que sea en algo que no afecte la satisfacción de tus clientes.

14) Camina si es necesario puerta por puerta, aprende lo máximo que puedas de ventas, no lo olvides. Sí, lo repito; para que quede patente qué tan importante es.

15) No te olvides de capacitarte constantemente. Sí, también lo repito por lo mismo.

16) Innovación, esta palabra no te la olvides. Mejora todo aquello que haces. Encuentra soluciones para los problemas de la gente.

7 RAZONES PARA ESCRIBIR UN PLAN DE NEGOCIO

El arte de solucionar

Solucionar problemas es muy importante. Cuanto más problemas soluciones más aportaras a la humanidad y además mejor vida tendrás . Siempre y cuando te apalanques en la tecnología o lo demás. No tienes límites , sino los mentales . Tu puedes ponerte un límite de llegar hasta un punto o llegar a otro más alejado .El servicio que des , no será el mismo si tienes un restaurante que si tienes una Marca con franquicias . La magnitud de uno con respecto al otro , es abismal . Pero eso no quiere decir que está mal tener un restaurante .Pero lo que si estamos diciendo es que no tienes límites para el servicio. Escalar a lo alto : Lleva una gran responsabilidad , eso es verdad . Pero también hoy en día hay muchas formas de apalancarse para dar un mejor servicio o enviar productos . El mundo se ha globalizado , y tú tienes muchas maneras de mostrar aquello que mejor haces , lo puedes multiplicar con tan solo un aparato tecnológico : como un celular, una Tablet, una notebook ... por lo tanto hay más cosas al alcance de tu mano para poder llegar a otros . Ciertamente la tecnología tiene sus cosas muy positivas . Antes aunque no descarto que se sigue haciendo , pero había gente que se dirigía hacia un sitio para aprender un curso sobre una especialidad específica , ahora hay a distancias . Mucha gente puede resolver sus problemas , tomando cursos con gente que vive en países distintos . Eso hace unos años , era imposible . La globalización permitió todo esto .

Vamos a dar algunos ejemplos :

Una persona con tan solo un video puede llegar a cientos, miles o millones. Dentro de ese video ," enseña algo que solucione un problema". Lo hace una vez , pero luego puede hacer nuevos videos . No solo lo pone en video sino también en las redes (dentro de estas se crea una página) Hoy en día puede crearse una fan page .Con esta lo que hace es hacer una promoción segmentada para que conozcan su página o determinado video , entonces está creando una conexión de personas de muchos lugares con tan solo un canal de videos y las redes . Todo se podrá hacer de manera segmentada . Pero también , luego podrá tener público de forma orgánica , sin tener que pagar una promoción. Al principio puede ser que tenga sus límites dependiendo de la promoción que se haga con el público y lo demás . Pero acuérdate todo esto ayuda muchísimo para llegar a armar una buena audiencia . También puedes hacerte conocer con diarios digitales , noticias de algún canal de televisión . Hoy todos están conectados a internet , la radio y la tv no son indiferentes a estos .

La capacidad que tienes de vender un producto o brindar un servicio no tiene limites . Estamos hablando de un apalancamiento intenso . Lo que antes era enviar un auto móvil con un parlante promocionando tu marca , o pagar una avioneta para que muestre también lo que hacías también el ir de puerta en puerta (que no está mal y que seguro se hace todavía) para empezar a soltarte como vendedor y tener una conexión con tu cliente . Solo que antes era lo único que había junto con las llamadas telefónicas ; hay empresas que lo siguen utilizando como uno de sus tantos recursos para llegar al público , pero no es el más efectivo . Todavía hay gente adulta , que no utiliza internet , por lo tanto el teléfono para ellos sigue estando vigente . Pero hay cosas que ya no tienen límites , todo ayuda para que se valla expandiendo más el poder llegar a otros .

Por lo tanto solucionar un problema o mejorar la calidad de vida de las personas se puede lograr y está al alcance de tan solo un dispositivo .Anímate tienes mucho por aprender , te ayudara .

Participa en eventos

Participa en eventos, donde haya gente vinculada a lo que tú quieres hacer ; tienes que estar en esos detalles . Aquí es en donde vas a encontrar " lo similar". Vas a poder compartir ideas de negocios , vas a escuchar y a interactuar . Esto es muy importante, tener un vínculo humano con los demás , hay gente que hace lo mismo que tu . Y además hay otras personas que han llegado a niveles impresionantes : eso hará que tú también lo hagas . También es bueno que participes en concursos , en todo lo que sea motivante para ti . Es bueno , porque la esencia humana te seguirá impulsando . disfrútalo , pero recuerda no te encierres .

Fíjate muy bien con quien te juntas .Ten en cuenta que eres producto , también , de las relaciones que llevas en tu vida .En los mejores casos , si tienes amigos que están siempre tomando bebidas alcohólicas y ven esto como normal , a ti te parecerá igual . Si tienes amigos que están siempre hablando de proyectos y además actúan para hacerlos , y no solo eso , hablan de rentabilidades anuales ; entonces tu actuaras de la misma manera . Somos un continuo resultado también de con quién nos juntamos . Pensaremos igual , nos moveremos de la misma manera , hablaremos con muchas palabras similares . Por lo tanto ten muy en cuenta con quien te juntas . Porque "harás lo mismo "por ende tendrás exactamente los mismos resultados . Hay gente que no cree en esto , pero solo fíjate con quien te juntas y observa la vida de ellos y la tuya , y dime si hay alguna diferencia . Has esa prueba . No estoy diciendo que te separes de gente que te quiere . Pero los hábitos se observan sin ningún problema . Uno puede ver los resultados de las personas y ahí es muy simple darse cuenta , porque son así .

Aunque te cueste al principio , empieza a actuar como quieres ser . Y vas a empezar a ver una serie de situaciones donde te encontraras con los pares similares . Esto no es muy difícil , los atraerás o ellos te atraerán a ti .

"La pobreza será una suma de horas mal utilizadas " decía Juan diego Gómez . Y fíjate que la suma de horas mal utilizadas están relacionadas a lo que haces gran parte de tu tiempo . En que estas enfocado /a y donde y con quien te estas enfocando . Cambia un habito , que sepas que haces todos los días . Por ejemplo vamos decir algunos que puedes cambiar :

a) Ver tele toda la tarde por 1 sola hora de t .v (por) 1 hora de lectura (aquello que te hace crecer) + caminata +evento motivador.

b) Junta con amigos todo un fin de semana (por) inicio de un nuevo proyecto con personas dedicadas y profesionales.

c) Vinculo siempre con las mismas personas (por) intentar interactuar con alguien nuevo que tenga resultados de lo que te gusta.

d) Estar gran parte de tu vida en las redes sociales(por) utilizar videos y las redes para aprender nuevos pensamientos y enviárselos a tus seres queridos.

Los hábitos no se pueden cambiar de manera brusca , eso es imposible . La mejor manera es que los vallas cambiando por partes . No puedes tampoco cambiar a todos tus amigos pero si puedes ir entrometiéndote en nuevos círculos sociales . Integrándote como puedas , la vida te ira cambiando a nuevos panoramas , dependiendo como te vayas comportando . Porque tomémoslo así , estos son comportamientos que tú vas tomando en el transcurso del camino , y lo manifiestas en tu vida junto a tus relaciones sociales.

Participa en eventos que puedan garantizarte un crecimiento mental y espiritual .

Explora

Explora todo aquello que puedas explorar , tomate la vida como un mundo lleno de sorpresas por descubrir ...

Explora nuevos caminos , transita por donde sabes que vas a tener un crecimiento espiritual ...

Explora incluso en cosas que te saquen de tu zona de confort , no te conformes , descubre lo nuevo ...

Explora , se un emprendedor de la vida , porque si te quedas con lo mismo de siempre , te vas a estar perdiendo todo aquello nuevo , que podría cambiarte totalmente la manera de ver las cosas ...

Tenemos una vida , explora , explora ...

Explora nuevas formas de pensar , ten en cuenta , que hay gente dispuesta a dar información que te puede cambiar totalmente la vida ...

Explora como si fueses un niño , ellos son totalmente flexibles , explora...

Explora también nuevas ideas , porque quizás , algunas se pueden conectar con las tuyas y podría salir algo fenomenal...

Explora también el tiempo , no dejes que se pase el tiempo , sin haber hecho aquello que más te gusta ...

Cuando viajaron por primera vez a la luna . El ser humano , no solo investigo , también exploro nuevas formas de vida . Aquí en tu vida es muy parecido, la vida es hermosa cuando descubras cosas nuevas .

Puede ser que el miedo este ahí presente en tu vida , para que no des nuevos pasos . Pero si tienes la convicción de que quieres vivir algo más extraordinario , entonces debes ir con todo . Debes prepararte para explorar aquellos nuevos lugares . Y es tu alma , muchas veces la que no se conforma , la que quiere vivir una nueva vida . Tu mente debe estar preparada , en su presente , para que le des la orden de que se lance a lo nuevo . Si tienes el limite puesto en la cabeza , nada cambiara , date siempre el espacio para reflexionar , pensar donde quieres estar , y lanzarte a aquellos nuevos territorios , que son prácticamente los que te cambiaran la vida , en el camino .

"La vida será una manifestación de aquello que tú crees"

Cambia tus palabras

"Vigila muy bien no solamente las palabras que salen de tu boca, sino las que se quedan adentro; porque tú terminarás viviendo lo que te dices". – Juan Diego Gómez.

Reemplaza "no tengo dinero" por "MI CAPITAL CRECE DIA A DIA".

"No soy bueno para esto" por "ME SUPERARÉ CONSTANTEMENTE"

"Quiero ver YA los resultados o renuncio a todo" por "TENDRE PACIENCIA Y

TRABAJARE CONSTANTEMENTE".

"Soy un tonto, soy un desastre" por "SOY EXCELENTE, MEJORARÉ MIS FALLAS".

"Nada tiene sentido" por "AUMENTO MI ENFOQUE Y PELEO POR LO QUE AMO".

"Me aíslo de la gente, la gente es mala" por "HAY GENTE INCREIBLE, PUEDO

FORMAR EQUIPOS, PUEDO COLABORAR CON PERSONAS".

... Y ASI CONSTANTMENTE CAMBIA PALABRAS, ¡SUPLANTALAS TODO EL TIEMPO!

Además de las palabras cambia tus posturas. Camina recto. Saluda estrechando la mano con fuerza. Mira a los ojos. Habla con voz firme y fuerte.

Mejora la forma de vestirte. No digo que te vistas formal todo el tiempo, pero debes prestar atención también a cómo te ves. Nos enseñan desde muy niños que está mal juzgar por la apariencia. Lamento decirte que eso es falso. La gente te juzgará y evaluará de acuerdo a lo que sus ojos le permitan ver. Y es normal y natural. ¿Qué otra forma tiene alguien que no te conoce de medir hasta qué punto debería relacionarse contigo? Quizá seas una excelente persona, buen orador, el mejor negociante. Pero ese alguien no lo sabrá hasta mucho después de evaluar tu apariencia. ¿O tú harías negocios con un hombre despeinado, desaliñado, que usa ropa informal? Cómo luces es la llave de acceso a las personas. Tu apariencia es un regalo para tus semejantes, para tus amigos, para tu pareja... El cuidado que dediques a tu imagen demuestra qué tanto te importa la persona que tienes enfrente.

Comprométete a convertir esto en un hábito. No dejes de intentar, o ese cambio solo quedará en un pensamiento, y no te ayudará.

Nunca te conformes , Sigue trabajando , hazlo una vez y otra vez . El limitarse creo que es en vano . Porque el ser humano ama por naturaleza crecer en lo que sea . Le hace bien , por más mínimo que sea el progreso le hace muy bien a su vida . No te pongas barreras , crece y de la forma que puedas siempre ponte algo más por lo que pelear .Vive una vida en la que puedas escalar , aunque sea ponte imaginariamente una escalera en la que puedas subir los escalones (todo esto es metáfora) pero no se aleja mucho de la realidad . El crecer es adecuado . Salgamos con valentía a buscar aquello que nos merecemos . Si tenemos valor , vamos a buscar aquello que es nuestro . Todos merecemos una vida grandiosa . Por lo tanto no nos conformemos con lo poco que se nos dé. Si los sueños que tienes son muy grandes , no importa , ve con todo por lo que quieres de verdad . Si no vas con todas las fuerzas y con muy poca energía entonces será aún más difícil poder lograr buenos resultados . Tienes que tener una motivación tan fuerte que eso todos los días te impulse a seguir para adelante .

Hagamos algunas preguntas que te servirán para saber cómo estás pensando actualmente o estas sintiéndote .

Si alguien te presenta un nuevo negocio ¿ Cuál sería tu respuesta? Actual

a)¿No puedes ?

b)¿ No es tu momento ?

c)¿ La vida no ha sido justa para ti, por lo tanto no te crees merecedor/a? d)¿mejor algo seguro que algo que no sabes que podría pasar?

e) ¿no tienes tiempo ?

f)¿ eso es mejor para los ricos?

g) No soy emprendedor ¿ Porque debería hacer eso ?

h) No tengo la actitud necesaria.

i) Son cosas nuevas y difíciles .

¿ Cuáles son las excusas que tu mente te está dando para imposibilitarte seguir con algo nuevo ? . Cuando la oportunidad se presenta ¿ cuál es tu reacción?

¿Eres abierto a nuevas posibilidades ?¿ Te sientes un fracaso?

Hay mucho ruido mental . Eso es lo que tenemos que sacar por completo . O trabajar mucho en esto . Porque las puertas a veces se abren y uno tiene que tener la mentalidad correcta , la actitud correcta y ser la persona adecuada para ese momento . Lo repetiremos muchas veces , si no te sientes merecedor de mejores oportunidades y tu autoestima esta baja , las oportunidad pasaran y pasaran por tu vida y seguirás en la misma posición . Tienes que creerte muy y no digo un poquito , maso menos o algo . Sino muy merecedor de grandes cosas , de grandes oportunidades , de grandes cambios , de una vida llena de de vida . Llena de satisfacción , de amor , de riqueza en todos los ámbitos , de lo que sea que pueda darte beneficios a ti y a toda tu gente . Descuida malos pensamientos siempre habrán . Por eso siéntete fuerte y lleno de convicción en lo que haces .

(Todo esto siempre y cuando estés haciendo lo mismo , que no te gusta y dentro de ti , lo quieres cambiar pero no te animas)

La vida esta echa para aquellos que quieren romper paradigmas mentales e ir por todo . Sin culpa. Esta culpa que es lo que siempre limita vidas , entonces cuando te veas con una oportunidad , muéstrale tu mejor versión . Y demuéstrales quien eres y a que viniste. Sin prepotencia , solo que debes dejar de sabotearte para que no te frene en cada paso que des .

Vamos a dar algunas palabras que podrías aplicar cada vez que se te presentan algunas nuevas oportunidades .

Hay un nuevo negocio . Y quizás es el que te gusta y te puede cambiar la vida pero no estás seguro .

A) Vamos a intentarlo paso por paso y voy a demostrarme a mí mismo que puedo superar obstáculos .

B) Nada de límites me pongo en modo alumno , aprenderé de quien tenga que aprender .

C) Doy pasos firmes , si me equivoco , me levanto y vuelvo a dar un paso al frente , si me vuelvo a equivocar , me vuelvo a levantar , hasta que pueda dar pasos firmes y determinantes .

D) No tengo nada que perder , tengo mucho por ganar .

E) Las oportunidades pueden llegar en cualquier momento , pero de todas maneras , hay que aprovecharlas .

F) La vida es una entremos en este nuevo negocio y demostremos a lo que podamos llegar .

G) Estoy echo de hierro , no importa lo que puedan pasar en los días , yo seguiré intensamente por lo que quiero . Si algunos días mis pasos son cortos y otros más largos , no importa , porque yo seguiré adelante .

H) Si hay dolor es parte del proceso , No el sufrimiento , pero si hay algún dolor por algún cambio . O por cosas nuevas , es normal , mi mente tratara de protegerme día tras día , porque lo único que quiere es mantenerme en mi zona de confort .

I) Acaso no quiero esa gran vida , esa libertad de viajar en cualquier sitio .Acaso no quiero servir a los demás , dar un producto que sobresalga , si eso no es lo que quiero entonces para que estamos aquí .

J) Mi mente me querrá sabotear en algunas situaciones pero no le daré el lugar . La acostumbrare a ser una águila .

K) Soy grande , nací grande y nadie es más grande que yo ni yo más que nadie , somos personas de Dios . Él es nuestro creador , y él no nos ha hecho menos que nadie . Somos parte de la vida , creo en mi como las plantas creen en ellas , como los animales creen en sí mismo , como el viento corre de un lado a otro , sin importar lo que es . La vida es armonía pura , todo sigue un ciclo. Sigamos un ciclo de vida que nos lleve hacia lo mejor .

L) Pienso que mucha gente también ha podido serlo y entonces yo sé que también lo lograre .

Cada vez que se te presenta algo , si realmente puedes y quieres con toda tu alma hacerlo , hazlo . No dudes , hazlo porque las oportunidades están en disfrazadas de pequeñas cosas . Entonces , aprenderás mucho en el camino . Nada se sabrá al principio por completo . Aprenderás mucho , tendrás que preguntar mucho más , deberás prestar atención y actuar , porque nada llegara de arriba . Aquello que han obtenido grandes resultados han tenido que actuar y siempre mantenerse aprendiendo y corrigiendo si tenían que cambiar planes . Deben ser flexibles , no pueden mantenerse solo con un pensamiento porque aparecen cosas por cambiar , a veces las cosas no saldrán de la mejor manera . Y uno siempre piensa que el camino al éxito es lineal o se sabe que es de una manera . Pero no , aparecen fallas , hay que solucionar situaciones , hay que preguntar mucho , como lo venimos mencionando. Tienes que estar en función a tu sueño , en los detalles .

Dile No a la duda

Creo que la duda es la que muchas veces frena a las personas de que no crean en sí mismos o luchen por sus logros .

Dile no a la duda , porque esta es un monstruo que no te deja progresar...

Dile no a la duda , porque esta es tan dura y no te deja prosperar...

Dile no a la duda porque esta te limita y no te deja evolucionar...

Dile no a la duda , aquella duda que siempre la llevas como compañera pero de compañera no tiene nada ...

Dile no a la duda , esta tan insignificante en tu vida...

Dile no a la duda aquella que lastima corazones que sueñan ...

Dile no a la duda aquella que te limita y no te deja avanzar...

Dile no a la duda la que no te permite salir de donde estas ...

Dile no a la duda la que cada vez que quieres salir con algo nuevo , dudas y solo dudas creyendo que nada podría salir bien .

Dile no a la duda cuando quieras brindar una mano a alguien ...

Dile no a la duda cuando quieras trabajar en equipo y no confíes...

Dile no a la duda cuando te limite...

La duda aniquila sueños . No dudes cuando tengas que hacerlo . No dudes cuando pienses que eso te puede cambiar la vida . Defiende con todo honor aquello que amas , defiéndelo . Da pasos con fortaleza , da pasos que sean rectos , justos y con total seguridad , si algo no sale bien , solo es parte de una enseñanza pero nunca lo tomes como fracaso , solo es una experiencia ...

La psicología en tu vida es muy importante al inicio porque todo comienza con tan solo una idea por eso no nos enfoquemos en la duda . Cuando ves esas grandes cadenas o supermercados o lo que sea EN GRANDE , todo comenzó con una idea de uno o más personas . Entonces , cada cosa es posible , por lo tanto solo se tiene que tener la fe necesaria también . Porque si caminas con fe , entonces nada pero nada podrá bloquearte . Podrán pasarte muchas cosas pero tu fe debe permanecer intacta , siempre tienes que creer igual en lo que amas. Y como mencionamos anteriormente la duda , no tiene ni que asomarse en tus pensamientos , porque si no destruirá todo aquello que quieras lograr.

Piensa en ganar ,no en lo que perderás.

No te enfoques en lo que vayas a perder . Esto es frecuente . No quiero decir que no estemos preparados para enfrentarnos nuevos retos y seamos precavidos , solo que si hay algo que está muy bueno y podría hacernos prosperar , no estemos enfocados en el " pero si pierdo" " pero si se escapan con el dinero" " pero si la gente se quiere quedar todo" " pero si ..." . No nos enfoquemos más en todo lo negativo , es eso lo que también nos frena , dudamos y siempre estamos con una limitación . Dejemos cualquier tipo de limite atrás y arriesguémoslo , si hay mucho porque ganar , no hay más para perder . Enfócate en lo que vas a ganar y además en que mejor que eso te podría ir . No te quedes atascado/ a en lo mismo . Levántate una mañana y demuéstrate que eres capaz de realizar cualquier tipo de proyecto . No digas que no tienes dinero . Todos los proyectos es lógico que se realicen con capital , pero cuando te entra la duda disculpa si soy tan reiterativo , uno se queda totalmente en el mismo lugar . Pero eso que dice uno de los grandes autores de Riqueza personal , que es Robert Kiyosaky permítete a preguntarte cómo puedes obtener ese capital para cumplir tu proyecto , tu mente realmente hará lo imposible para conseguirlo , las puertas se te irán abriendo , esto es algo fenomenal cuando ocurre. Pero solo ocurre cuando la persona no se niega , cuando cree en lo que quiere , y cuando no se pone trabas mentales . Gran parte de las cosas son mentales , y si no tienes trabajada esa parte te costara y mucho . Créeme que muchas cosas son límites que nos ponemos nosotros mismos . Si le diéramos la importancia al poder que tiene la mente , porque en una sola que aceptas que todo se puede y te preguntas de qué manera . Ya estas abriéndote puertas en el camino . Asique cada vez que tengas que empezar algo piensa en grande .Actúa en grande , sigue avanzando en grande . Y eso todo lo vera Dios . Tu manera de plantarte en la vida y de querer progresar . Quizás tu mente está programada para decirte que nada es fácil , que todo es difícil , que el dinero , que no estás en la posición junto a los cosmos , que la vida ... etc . Excusas, excusas y más excusas. Para que para mantenerte en el mismo lugar . Si le demuestras de que estas echo , y te demuestras a ti mismo , vas a cambiar totalmente tu realidad , te lo aseguro . Si cambias ese chip , entonces , vas a tener la vida que quieres , viviendo como quieres , sin importar como pensabas en tu pasado . Porque todo tiene que ver con tu presente , no con lo que ya hiciste y lo que algún día harás . En tu presente vas a ir cambiando toda tu vida .

La gente que ha logrado cumplir objetivos simplemente confían en su proceso; confían mucho en lo que hacen . Y siguen , no se quedan . Pero han tenido que superarse , mentalmente , espiritualmente , de todas las formas . Porque tienes que tener la mentalidad correcta , ser la persona correcta , siempre acuérdate de todo eso . No se tratara de lo que guardes en tu banco , o de la gran casa que tienes . Sino de lo que te has convertido , depende de lo que tú eres y como piensas , así es como tendrás una vida distinta . Todo eso , por lo tanto, está en tu mente . Dale todos los pensamientos que te hagan capaz, aquí van algunos :

. Yo puedo

. Yo debo

. Yo hago.

Yo estoy construyendo.

. Yo lo estoy logrando.

. Ya gane .

. Yo agradezco .

Yo soy una máquina .

. Yo trabajo fenomenal con mi equipo.

. Yo soy rico en todos los ámbitos y lo demuestro con mis actos .

. Yo se esperar , pero actuó .

. Yo camino con fe.

. Yo tengo fuerzas .

. Yo sigo avanzando .

La fuente de ingreso

*E*ste tema suele ser muy controversial . *Esta es una y bastante importante para el ser humano . Porque estamos en un mundo capitalista . Donde cada persona debe generar su fuente de ingreso . Si las personas no generan dinero , entonces no pueden comer o llevar una buena calidad de vida . Por lo tanto , en este libro , también hablamos siempre de maneras de ganar dinero . De cómo apalancarse . En todos los países del mundo , no es lo mismo . Pero si hay algo distinto en esta era , es la globalización y la forma en que han surgido nuevos negocios . Antes era mucho más difícil , pero ahora hay formas distintas que te pueden ayudar . Por ejemplo , hace algunos años era imposible que una persona pueda cobrar en dólares viviendo* *en el sur del continente Americano o en Europa . Antes un trabajador independiente solo podía trabajar en ese sitio , donde vivía . Ahora la diferencia es que todo se ha globalizado . Ya hay muchísimas más posibilidades tener otra fuente de ingreso . La idea no es que abarques tantas cosas , sino , que te enfoques en una y te especialices luego con el tiempo podrás ir abarcando algunas más pero primero tienes que tener buenos resultados de una sola cosa . Utiliza la tecnología como herramienta . Tienes la oportunidad , podría llevar tiempo aprender , pero si la utilizas bien , te puede generar incluso una vida sensacional . Siempre y cuando le dediques el tiempo necesario sin descuidar el enfoque . Las maneras de vender se han globalizado.*

Hoy en día ni siquiera hace falta tener un inventario , Todo se puede en el gigante de internet . Tienes que buscar atentamente aquello que puedes hacer . Se creativo . Y tener en cuenta que todo lleva una serie de pasos a seguir , los cuales te ayudaran mucho . Internet no solo sirve como un entretenimiento también tú lo puedes utilizar como una gran fuente de ingresos . Si tienes la paciencia necesaria , también las negociaciones ya no son solo personalmente , no hay límites , habiendo grandes empresas que te permiten asociarte con otras personas desde países que nunca hubiésemos imaginado . Asique levántate y crea una marca o investiga y elije algo que te guste . Tienes que ser capaz de llevar una auto disciplina para que en los momentos que no sean tan beneficiosos no largues todo a la basura . Por lo tanto tienes que tener mucha determinación para que nada te pueda superar y el que realmente se supere seas tú .

(Ya lo hemos mencionado en otros capítulos)

Mantente Flexible

Debes mantenerte "Flexible" porque seguramente en el camino aparezcan momentos inesperados , quizás donde haya que cambiar algunas cosas del proceso .Quizás hallas tenido un plan pero que justo no funciono de la manera que esperabas , porque un paso no fue el correcto .Por lo tanto debes tener en cuenta que debe haber modificaciones nuevos replanteamientos . Porque si no te mantienes listo/a para el cambio podrás quedarte paralizado/a en la misma situación .Y realmente cuando las cosas ya no salen o no dan el mismo resultado es muy probable que debas saltar a nuevas posiciones . Uno muchas veces planifica , que no está nada mal , pero si bien lo he mencionado varias veces , hay que diseñar también en modo presente . Tenemos la oportunidad para cambiar día tras día , si algo no nos está saliendo o nos está dando los resultados . podrías darte la posibilidad de caminar por nuevos rumbos también o agregar nuevas cosas . Ahora en este momento , presta atención a lo que estás pensando . Mira vamos a hacer unos juegos para que te pueda orientar. Pero también apuntemos lo que son las creencias.

Hagamos varios juegos :

. Si te digo que puedes hacer 7000 mil dólares en 1 mes ¿ Qué es lo que se te viene a la cabeza?

. Anótalo .

a)¿ Piensas que es imposible?

b) ¿ es posible?

Anota en el caso que hallas elegido la opción a .Describe que es lo que te anula.

. En el caso que hallas elegido la opción b ,todas las opciones que te hacen pensar porque podrías ganar esa cantidad .

Enfoca tu mente en modo presente . No la lleves al futuro ni al pasado . Primero anota y enfócate en este momento .

. Puedes anotar las 2 opciones si quieres.

Tu mente debe estar en modo presente . Ten en cuenta si se te ha ocurrido algo , impleméntalo . Fíjate si puedes tomar esa idea y llevarla a cabo . Si es algo muy grande no importa . Lo que sí importa es que una parte de ella la tomes y la pongas en práctica .

Por ejemplo :

a) Se te puede ocurrir vender un auto.

b) Vender algunos servicios en un alto valor

c) Vender productos de manera global (apalancándote en la tecnología y otras mentes) Como lo decía el Gran Napoleón Hill " la mente maestra"

d) Ganar comisiones .

e) Entrar en un proyecto , poniendo una idea .

. Tienes que ser capaz de observar que es lo que tiene resultados . Observa de qué forma se hace .También como lo podrías poner en práctica .Muchas veces la claridad , hace que sepamos bien adonde nos dirigimos .

. Se muy claro adonde quieres ir .

La mejor manera de poder cambiar tu realidad es deteniéndote un momento y observar cómo estas parado . Fíjate muy bien cómo están tus relaciones . Observa aquello que haces . Si prestas atención , también veras como se encuentra tu situación financiera , si tienes poco o mucho dinero y cómo te sientes . También el tiempo que dispones , si estás bien con tus tiempos o vives corriendo hacia tu trabajo . La manera como ganas dinero , eso , debes observar muy atentamente , porque si estas en un negocio que te lleva todo el día , tienes que estar trabajando duro , toma nota también de eso .

Apaláncate mientras puedas . Observa que es lo que te está quitando casi todo el tiempo de tu día .

1)Habla con expertos . Hay plataformas donde hay trabajadores independientes .

2)Si quieres también puedes hacer un mapa conceptual e ir apuntando conceptos importantes .

3) Apunta , toma muchos apuntes .

4) Refresca tu mente consiente .Introduce ideas grandes a tu mente subconsciente .

5) Tienes que poner el poder de la intención , porque si tú le pones no solo tu enfoque sino tu energía , tu deseo , tus ganas , todo lo que se halla llamar intención , entonces veras

que la magia también empezara a llegar a tu vida . Porque somos energía .

El tiempo

El tiempo tan preciado ... no lo malgastemos. Disfrutemos también lo maravilloso que es este. Hagamos de la vida una hermosa obra de arte . No perdamos tiempo en banalidades. En cuestiones insignificantes donde nada nos importa más que nuestro propio ego . Nose si algunas vez te ha pasado pero quizás estuviste mucho tiempo esperando algo , o querías comprarte un auto o alguna cosa material . Después de tenerlo un tiempo ya no era lo mismo y te preguntaste ¿ Y ahora? . El vacío que a veces se siente en el alma ¿ Es normal?. Luchar siempre por querer tener cosas pero la cuestión es que si antes no estamos trabajados de manera interior entonces será muy difícil .¿ Porque estas cuestiones insulsas , detalles que no deberían importar? Se ponen tan difíciles . ¿ Que es la vida entonces ? ¿Correr detrás de algo? . O simplemente caminar sobre un camino lleno de sorpresas fe , aventuras y superaciones personales . Donde está la verdadera vida . Cuál es el cambio que traerá realmente una oportunidad de vida . Es importante el compañerismo . O es todo una farsa simplemente para lograr algo que nos haga sentir bien en lo personal.¿ Todos queremos ganar algo? Lo malo sería si eso que queremos ganar , tenemos que caminar sobre otros para nuestra conveniencia . No vivamos de esa manera , seamos humildes y que nuestro corazón tenga humanidad. ¿Al final que es lo que nos importa solamente? .¿ Llenarnos de ego o vivir la vida de una mejor manera ? . ¿ Que es la vida en sí? .¿ Alguna vez te has ido a algún lugar y lograste meditar?. Tienes que vivir una vida logrando cosas siempre para tirar un grito al mundo como diciendo aquí estoy yo , esto valgo . O simplemente ya eres un alguien , ya vales . Creo que ya lo eres , no tienes que hacer nada para demostrar cuanto vales . Hay un error mundano de pensar que lo de afuera nos va a hacer mejor . Todos somos iguales , no importa el género , la etnia , donde estuvimos alguna vez . Y que es lo que pretendamos ganar algún día . ¿Quién nos categoriza ante los ojos de Dios? Si para sus ojos somos todos importantes. ¿Entonces qué es lo que tenemos que hacer ?¿ De qué manera podemos cambiar? . Quizás todo lo que hacemos es una construcción humana , el sueño que hagamos día tras día , seguramente está en nuestros genes .

Terminemos nuestro paso como lo merecemos . Demostremos al mundo lo que realmente queremos demostrarle . Caminemos como queremos . No importa si las cosas no nos sale como quisiéramos . Vamos a transformar todo aquello que vemos , todo aquello que sentimos . Tengamos el sentimiento apropiado . Seamos como leones metidos en el cuerpo de una persona . Sigamos sintiendo que tenemos un gran propósito de vida . La vida no es una sino son múltiples que se nos presentan día tras día . El tiempo no será en vano , sino estaremos demostrándonos a nosotros mismos que podemos lograr lo que queremos si tenemos la convicción necesaria y la determinación fija . No perdamos el tiempo tratando de pedir ayuda a aquellos a quien no les importamos. En el mundo hay mucha gente . Quien está totalmente abierta a nuevas charlar , a que la escuchen o a que le podamos contar algo nuevo . No desperdiciemos el tiempo en cosas innecesarias , si podemos hacer grandes cosas con nosotros mismo .

Por sobre todas las cosas , no perdamos el tiempo en donde la vida no nos hace feliz . Tengamos presente que estamos en un camino , donde lo más importante es ser felices . Seamos como niños . Donde el tiempo pasa volando pero cada juego que inventan los disfrutan con toda su alma . Asique levántate de esa cama o donde estés , y empieza a hacerte valer y a tu tiempo .

La riqueza

Quien puede decir ¿ Cuál es la verdadera riqueza?. Algunas personas creerán de una manera muy determinada que la riqueza es" el tiempo" . Otros que es únicamente la espiritualidad , también los hay quien creen que es lo material , o la riqueza en amor . En fin , podría ser , y quizás sea solo un pensamiento y lo que diga simplemente es una opinión creo que Dios quiere que tengamos la riqueza en su totalidad . No solo en lo mencionado también en salud , en inteligencia , en gratitud...en todo . Aquellas cosas que son importantes para nuestra vida . Si la riqueza solo fuera material y la salud empobrecida entonces no habría realmente una riqueza verdadera . Tenemos también un tiempo , y si no lo aprovechamos qué clase de riqueza tendríamos , nada más ni nada menos que no estaría en su totalidad , pero también ¿ A quién no le gustaría , poder tener el dinero que quiera para cubrir cualquier tipo de gasto , sin ningún problema? . Hay riquezas realmente para todo y para todos . Pero tenemos que ser conscientes de que esta existe de diversas maneras . No puede uno quedarse solamente conforme con una sola cosa . Hay países que realmente están muy conectados . No solo tienen poder económico también tienen mayor riqueza en salud , orden, inversiones (pero en esto no vamos a especificar) . Porque cada país es un mundo y como todo en la vida , siempre hay algo que solucionar . Pero uno puede ver en un país un ejemplo , para traerlo en la vida de uno . Sabemos bien que los países más ricos económicamente llevan una mayor calidad de vida. Y también que son países que invierten , que tienen una población ahorradora , creativa (emprendedora) .Además invierten en tecnología , en ciencia , en infraestructura y más cosas . Como personas esta bueno poder investigar cómo se desarrolla un país . Hay una diferencia con otros países , porque se suele prestar mucha atención a la inversión y a la educación . Entonces si es así , yo también como persona debo estar presente en esos detalles . Como por ejemplo , tener presente la educación . Muchas veces , esta nos puede ayudar mucho , pero no solo a ser prácticos , llevar todo acabo . Pedir orientación al estado , tener una guía con gente capacitada.. Los tiempos van cambiando , no solo se debe invertir de la misma manera que se hiso desde hace años . Sino también adaptarse , el mundo cambia y de una manera impresionante . La riqueza le gusta la acción , le gusta el cambio . Y un País debe tener presente todos esos factores , si lo tiene entonces estará en un camino de desarrollo puro .

Vamos a contar algunos ejemplos de la riqueza en su totalidad :

Una persona debe ser rico en :

a) Tiempo

b) Salud

c) Dinero

d) Amor

e) Social

f) Educación

g) Creatividad

h) Proyecto

Todo engloba a un buen bienestar de vida : si se logra una buena calidad de vida la persona puede transitar este camino de una mejor manera.

Puede ser que este o no de acuerdo . Pero lo importante es que crea que " Ser rico " no solo es teniendo dinero y despilfarrándolo . O teniendo autos de lujos . No se confunda , porque si lo confunden se dispersara . Si la riqueza que usted busca es solo autos y jet privados . Está buscando solo una ilusión . No está mal que quiera tener autos de lujo y todo aquello que le parezca lujoso . No , para nada . Pero no es únicamente lo que debe buscar . La vida es mucho mas . Si usted carece de amor pero tiene todo esto . Se sentirá vacío , tarde o temprano .Si no tiene un propósito en su vida , en el cual levantarse cada mañana para pelear por algo . El cual sabe muy bien que en la evolución , cada resultado que tenga usted es feliz . ¿Entonces para que quiere solo tener mucho dinero ? También debe buscar la paz . Y también el amor y el perdón . La vida es mucho más que solo dos cosas . Dios nos ha hecho ricos en todo . No debemos auto limitarnos mentalmente para solo decir lo otro no me lo merezco , ¿ Porque sería así? Si nacimos de igual manera , del vientre de nuestra madre . Nacimos desnudos en la vida y nos iremos también de la misma manera . ¡Porque correríamos detrás de tan solo billetes ? Acuérdate siempre , vinimos para ser felices en toda su totalidad . No te encierres en una sola cosa , porque si lo haces , entonces le estarás dando pie a un bloqueo mental . Se rico en todo , y si quieres tener lujo hazlo también pero nunca te des por vencido . Y te conformes solo con algo .

El trabajo duro

Trabajar duro , trabajar duro y trabajar duro . No , no es así . Una cosa es esforzarse para trabajar inteligentemente y otra es trabajar todo un día duro y no pasarse a otros niveles . Entonces , puedes estar vendiendo algo todo el día , lo que sea . Y te encuentras al final con que tus reportes de ganancias son escasos y que nos has ganado una vez más , como tu querías . Entonces ¿ Tiene sentido trabajar duro? . Tienes que prestar mucha atención aquí . Empieza por estudiar , o empieza por auto educarte e investiga si aquellos que tienen la posibilidad o que tienen más tiempo son los que trabajan duro . No digo que no hay que esforzarse . Por lo tanto trabajar duro no es correcto si tú quieres una vida con más tiempo , más salud , más riquezas y muchas otras cosas más . Date siempre un pequeño tiempo para observar , en la forma que trabajan los que sí lo tienen . Quizás los veas haciendo una cosa y otra , porque se mantienen activos . Pero después observa a algunas personas que están trabajando en donde solo es por obligación o para ganar dinero y el tiempo que están ahí sí o sí tiene que ser utilizado para trabajo . Y si les cambian los horarios , deben aceptar las ordenes que se les dé . Nada está mal para nada , si tú tienes un trabajo así no aquí no estoy haciendo un juicio de valores . Solo que puedes hacer en forma paralela una actividad que este apalancada con equipos y tecnología. Porque lo que tú en sí, debes buscar , es tener tiempo . Porque si hay algo que tiene tanto valor o igual que el dinero es el tiempo . Porque aquí es donde los seres humanos , se desempeñan en cosas que les gusten , visitan países , visitan a sus seres amados , son creativos . Hacen lo que les gusta . Realmente tenemos que llegar a tener tiempo y también un flujo de capital tan alto que liquide cualquier escases . Porque si no tienes dinero , tampoco tendrás un techo , comidas , medicina y muchas otras cosas . Entonces no está mal , trabajar en algún lado mientras construyes tu base . Por eso tu educación es importante . Y hoy en día la puedes encontrar no solo en las universidades , también en internet , en convenciones y más . Porque tienes un sinfín de ideas . Ten actitud .

Entonces ¿trabajar duro es importante? ¿Hacerlo toda la vida realmente cambiaria tu manera de vivir?. Tienes que tener en cuenta que el dinero que te dará el trabajar duro siempre entrara de forma limitada . Quizás algunos ganen más que otros , pero siempre será de forma limitada . Nunca de manera tan alta , en la cual te deje tranquilo para que puedas seguir proyectando un nuevo negocio o la mejoría del que tienes .A eso se llama evolución , porque debes estar en crecimiento , todo ser humano merece ir escalando , porque eso Te dará incluso más vida . Más ganas de seguir . Entonces tengamos en cuenta que la vida , esta para crecer.

Dejemos algunas tareas que estarían buenas para que realices:

Investiga directores , investiga empresarios :¿ Cómo se desempeñan?

Tienes que tener en claro , cual es la manera como trabajan . Si ellos están presentes en sus negocios o no . Si tienen gente a su cargo . O otros son los que delegan . ¿ Porque tienen tanta riqueza material y tiempo ? y muchas veces se ve que tienen salud. Todo eso lo tienes que investigar y ponerte a ver como se mueven , cuál es su postura , de qué manera piensan , como hablan , que proyectan .¿ Aman lo que hacen? , fíjate como hace Elon Musk , como le encanta idear proyectos . Te darás cuenta que les fascina comenzar nuevas ideas plasmarlas y hacerlas trabajar con equipos . Son amantes del mundo empresarial . Quizás aquello que te gusta no viene por el lado del autoempleo . o puedes comenzar de esta manera pero siempre te limitaras en tiempo y dinero . No digo que empieces de la misma forma que ellos . Pero hay detalles que te pueden servir y mucho.

No te tomes nada tan en serio

Si yace , quizás pienses que todo lo anterior que hablamos entonces no tiene sentido . ¿ Para qué tener tanto el control de todo ? ¿Acaso es posible ? No sé si alguna vez has escuchado la frase " Uno dispone y Dios propone" , ¿te recuerda a algo? . La verdad que me gustaría decirlo con todo el corazón . Todo lo que hemos hablado , es imposible tener el control de las cosas todo el tiempo . Quizás lo que si podamos controlar a veces son nuestros sentimientos . Está bien tener planes , objetivos . Pero ten cuidado si te tomas tan en serio todo . Porque surgirán muchas cosas que no te hubieses esperado. Asique vamos , camina el camino de la vida con más soltura y pasión . Reúnete con tus seres amados y también disfruta.

El temor a lo desconocido

No temas , quizás el miedo te paralice a hablar en público y tener nuevos objetivos por hacer. El tener que realizar cosas nuevas ; todas estas cosas quizás dan miedo . Pero no importa no pienses que es el final de todo . Aquello que anhela nuestra alma no tiene límites . Porque la vida no tiene límites , si realmente te conformas mentalmente quizás sí . No puedes conformar a todo el mundo quedándote en un lugar , y nada más , Vuela y hazlo muy alto , si lo más lindo que tiene un ser humano es el vuelo . Ya sabes a lo que me refiero a no tener límites .Porque tendrías que quedarte quieto en un lugar toda tu vida . Vuela alto y hazlo con todas las ganas . Tenemos un tiempo limitado en este mundo .Si la vida es una . No temas , aunque es imposible que no lo hagas , el temor siempre estará presente . Por lo tanto si tienes nuevas metas , entonces vamos levántate y comienza ahora . ¿ Porque ahora ? porque para vencer al temor tienes que actuar ya .

Una pequeña historia

Mi nombre es Pablo y como era de costumbre me levantaba todos los días a las 5 de la mañana . Lo primero que hacía era cambiarme de ropa . Luego tomar mi café . Solo esos segundos me quedaba sentado y pensaba ¿Hoy pasaría algo distinto? ... pero lamentablemente no , eso era imposible .

Aquella tarde me quede en la fila del auto bus esperando . Tenía 7 personas por delante . Me preguntaba si llegaría rápido ; pero no las horas seguían pasando , eso para mí era un problema . Llegar tarde y ver la cara de los encargados era lo que todos los días deseaba que no pasara . Luego de hacer un viaje otra vez de manera incomoda , las ventanillas estaban todas cerradas , el calor era agobiante y la gente no tenía muy buen humor . Me preguntaba ¿ Hay algo más en esta vida?. Y bueno la vida me ponía lo mismo de siempre " había algo más" y eso era : la parada del auto bus: mi destino al trabajo . Al llegar otra vez a mi puesto , lo veía una vez más , parado ahí , con sus retos y con sus órdenes " él era el jefe " . Y todos los días pensaba ¿ Esto es normal?. O ¿yo estoy loco? . ¿No entiendo hay que seguir la misma línea de todos los días ?¿ porque me veo diferente pensando que largar todo esto no es común?. Bueno soy diferente , soy muy flaco y eso es mirado despectivamente por una gran parte de mis compañeros además siempre pienso distinto . Me veo un bicho raro . Entonces las palabras del Jefe y de todos , tienen razón . Cada día era igual , y un poco más bajo mi auto estima . Entonces me preguntaba ¿ Es normal ? ¿Soy anormal ?. Realizaba una caminata de un lado a otro en la que intentaba calmar mi mente porque parecía que no se calmaría así nomás ese día , seguía pensando .

Hacer lo mismo realmente todos los días , programado de la misma manera ¿ me daría un cambio ?. Aveces preguntaba a mis compañeros de trabajo si esto era algo anormal , las respuestas en general , eran sí , todos teníamos que hacer prácticamente caso y seguir con lo mismo . Pero mi mente y mi alma , necesitaban vivir otra cosa , necesitaban experimentar una nueva vida . Creer en lo que uno tenía en la mente .

Llego un día en que todo eso se acabó .

Ya no quería ser parte de lo mismo . Ni tampoco pronunciar las mismas palabras . Normalmente era también algo común hablar de los mismos temas . Porque quizás no todos lo hacemos con maldad , sino también es parte de nuestra programación mental .Entonces ¿cómo podía cambiar todo lo que estaba haciendo ?

Bien , la vida que estaba viviendo me estaba maltratando anímicamente y moralmente , no sé bien como definir las palabras que definían ese momento . Siempre aprobaba las palabras escasas y lo mismo que veían los demás . Entonces esta vez estaría siendo responsable por la situación en la que me encontraba. Luego lo que haría, era algo que a <u>muchos les podrá incomodar , pero realmente si quieres cambiar totalmente de vida , lo tienes que hacer porque si te quedas en el mismo lugar no cambiaras tendrás la comodidad siempre . No quedara más remedios , porque muchos solo quieren cambiar donde están , en su zona de seguridad</u> . Creo que para hacer un 100 por ciento de cambio y vivir una vida distinta debes ir más allá . Tienes que darte un tiempo límite para marchar lejos o empezar ya a hacer las cosas . "Planificar tu lanzamiento al espacio" . Si , esto es una broma pero no , que quiero decir con eso . Si no haces algo distinto y no te pones a prueba , es imposible vivir algo nuevo . Tienes que hacer todo lo contrario a lo que estás haciendo ahora si es que no te sientes que hallas cambiado , porque si quieres hacer algo que te cambie la vida de verdad pero vives haciendo lo mismo todos los días . ¿ Cómo quieres cambiar?

Primero , busca gente que te pudiera enseñar a vender , a promocionar , a ganar dinero . No te rindas , y responsabilízate día tras día con eso que quieres lograr(debes estar entrenado/a también para generar ingresos) ,. Si quieres hacer algo en grande tendrás que saber surgir de tus cenizas y las cosas muchas veces no se pueden hacer todas solas tienes que tener gente experta . Ten amor propio y créetela. El amor que uno tanto debe tenerse así mismo debe ser muy grande . Dios estará ahí todos los días , en cada mañana que te levantes , él te escuchara cada plegaria , tus agradecimientos y todo el esfuerzo que pongas para cambiar radicalmente tu vida . Cada entrenamiento que hagas , el estará ahí . Acuérdate siempre que todo lo que hagas , si lo haces con velocidad y de muchas maneras , todo quedara registrado " Cosecharas tu siembra ". Tarde o temprano lo harás . Sabemos que hay que ponerse fechas , pero los tiempos de Dios son perfectos , asique descuida si en algún momento no lo logras , quizás tengas que seguir aprendiendo .

Inténtalo día tras día . No importa nada de eso , tienes que tener en claro que lo quieres lograr . incluso tu fe tiene que estar conectada con tu alma .

"Un día todas las trabas ya no existían en mi mente y en mi corazón . Estaba formando una nueva persona , alguien que confiaba en sí mismo . Luego encontraría en el tiempo a las personas indicadas , quienes estarían dispuestos a trabajar en equipo , a tener charlas que aporten y así comenzaría una vida totalmente nueva ".

www.ingramcontent.com/pod-product-compliance
Lightning Source LLC
Chambersburg PA
CBHW022146150726
47992CB00002B/776